偽装請負・非正規労働

熊本・NEC
重層偽装請負裁判は
問いかける

『偽装請負・非正規労働』編集委員会 編

花伝社

偽装請負・非正規労働——熊本・ＮＥＣ重層偽装請負裁判は問いかける◆目次

第Ⅰ部　熊本・NEC重層偽装請負事件

資料

第Ⅰ部

熊本・NEC重層偽装請負事件

1　「熊本・ＮＥＣ重層偽装請負事件」とは

弁護士（ＮＥＣ重層偽装請負訴訟弁護団事務局長）久保田　紗和

突然の解雇

熊本県球磨郡錦町。熊本県南部の人吉盆地の中央に位置し、日本三大急流の一つである球磨川が中央を貫流している。その気候から、梨や桃などの果樹、茶の栽培が盛んである。人口一万一〇〇〇人ほどの自然豊かなこの町に、超ＬＳＩ（集積回路）の半導体製造メーカーとして、国内でもトップクラスの規模と生産量を有するルネサスセミコンダクタ九州・山口株式会社（以下「ルネサス」、旧ＮＥＣセミコンダクターズ九州・山口株式会社）の熊本錦工場（以下「錦工場」）が存在する。

この本の主題となる「ＮＥＣ重層偽装請負事件」の原告ら三名は、錦工場内のオペレーションターミナルで、他工場等から送られてくる半製品や資材等の受け入れ・送り出し等を行う製造物流業務に従事していた。

錦工場における製造物流業務は、ルネサスから、ＮＥＣロジスティクス株式会社（以下「ＮＥＣロジ」）、日本通運株式会社（以下「日本通運」）、そして、球磨郡の隣にある人吉市に所在する

NECセミコンの会社沿革

原告である柳瀬さん、松永さん、柴田さんが2009年～2010年に解雇された当時、勤務していた熊本錦工場の会社はNECセミコンダクターズ九州・山口（NECセミコン）であったが、現在は、ルネサスセミコンダクタ九州・山口となっている。同社は、ルネサスエレクトロニクス株式会社の完全子会社。

1969年、熊本市に、NECエレクトロニクスの製造子会社として九州日本電気株式会社（NEC九州）が設立され、熊本川尻工場の操業を開始。以後、1工場1製造子会社として、81年NEC熊本（熊本錦工場）、85年NEC大分（大分工場）、NEC山口（山口工場）が操業を開始。その後、NECグループ半導体事業の再編にともない、2度の統合を経て、2008年NECセミコンダクターズ九州・山口（NECセミコン）となった。

2010年には、親会社のNECエレクトロニクスが、日立・三菱両グループのルネサステクノロジと統合して、ルネサスエレクトロニクス株式会社となったことを機に、社名もルネサスセミコンダクタ九州・山口となった。

図　会社名の変遷

<table>
<tr><th>設立</th><th colspan="4">工場名</th></tr>
<tr><td></td><td>熊本川尻</td><td>熊本錦</td><td>大分</td><td>山口</td></tr>
<tr><td>1969年</td><td rowspan="5">NEC九州</td><td></td><td></td><td></td></tr>
<tr><td>1981年</td><td rowspan="2">NEC熊本</td><td></td><td></td></tr>
<tr><td>1985年</td><td>NEC大分</td><td rowspan="2">NEC山口</td></tr>
<tr><td>2001年</td><td colspan="2">NECセミコンダクターズ九州</td></tr>
<tr><td>2004年</td><td colspan="3">NECセミコンパッケージ・ソリューションズ</td></tr>
<tr><td>2008年</td><td colspan="4">NECセミコンダクターズ九州・山口</td></tr>
<tr><td>2010年</td><td colspan="4">ルネサス　セミコンダクタ九州・山口</td></tr>
</table>

「有限会社人吉急便」（以下「人吉急便」）という地元の運送会社へと順次業務請負・委託されていた。

原告である三名の男性社員は、時期を異にし、この人吉急便に雇用される形で錦工場に送り込まれていた。

原告の柳瀬強さんは、ルネサスの前身のＮＥＣセミコンダクターズ九州・山口株式会社（以下「ＮＥＣセミコン」）の時代に、ＮＥＣロジから錦工場内の物流業務を請け負っていた九州産交運輸の社員として働いていた経歴を持つ。松永政憲さんは、ＮＥＣセミコンの正社員として、製造業務に従事していた経歴を持っていた。柴田勝之さんは、地元錦町出身で、解雇された当時、まだ二九歳であった。これから家庭を築くという年代に、仕事を奪われた。

柳瀬さんら三名は、就労開始日から、錦工場内で働き始めた。三名は、二〇〇八年三月頃まで、ＮＥＣロジの社員と混在する形で班を編制し、セミコンの作成した年間カレンダー（シフト表）に従って作業していた。同年七月頃までは、オペレーションターミナル内の業務従事者は、すべて「ＮＥＣ」というロゴの入った制服を着用していたこともあり、外見からは、ＮＥＣロジの社員との区別はつかなかった。

製造業においては、作業の効率化やミス発生防止のために、詳細な作業手順を示した「仕様書」という作業マニュアルが準備されている。三名は、日常、ＮＥＣセミコンから交付される「仕様書」に従って作業を行っていた。

熊本錦工場全景（ルネサスのホームページから）

また、「イレギュラーな」（突発的な）事態が発生した場合には、その対応について個別の指示を仰ぐ必要が生じる。労働者派遣と異なり、業務委託・請負であれば、本来、三名に指揮命令を行うのは人吉急便である。発注者や元請業者が、下請け業者の労働者に直接、指揮命令することは許されない。しかし、オペレーションターミナルには、人吉急便の現場責任者は存在しなかった。三名は、NECロジの現場主任や、NECセミコンの社員からの電話・口頭・メール等での個別の指揮命令に基づいて業務を遂行した。労働法上の原則など全く知らなかった三名は、指揮命令者がNECロジやNECセミコンであることについて、疑いを抱くことはなかった。

二〇〇九年一二月から二〇一〇年三月にかけて、オペレーションターミナルの業務に従事していた三名を含む人吉急便の社員らが解雇された。理由は、NECセミコンの製造業務縮小に伴い物流業務も縮小となるというものであった。

三名は、日給六〇〇〇円で、賞与はなく、錦工場で働くようになってから一度も昇給はなかった。NECセミコンの社員であった経歴をもつ原告の松永さんの話によれば、その給与はおよそ倍以上ということである。自分達に有給休暇があるということも知らされず、ほとんど休みなく働き、私的な事情で休暇をとるときは、無給の欠勤扱いとされていた。決して十分な労働条件とはいえないが、それでも、長年NECの製品を世に送り出すために、ひたすら誠実に働いてきた。そのような三名にとって、突然の解雇は、たんに生活を奪われるというに止まらない、人生を否定されたような衝撃であった。

解雇された後、三名は、労働組合のローカルユニオン熊本に相談する中で、自分たちの働き方が、違法な「偽装請負」であることを知った。NECセミコンや、NECロジは、違法に三名を直接の指揮命令下に働かせておきながら、モノのように簡単に切り捨てた。日本通運にあっては、人吉急便から送り出された三名を、錦工場に送り出し、「業務委託料」名下に中間搾取をしているだけの存在であった。三名は、大企業の無責任な態度に怒りを感じ、ローカルユニオン熊本に加入した。

四重の偽装に翻弄され、働く権利と人間の尊厳を侵された三名は厚労省熊本労働局に対し、NECセミコン、NECロジ、日本通運、人吉急便の偽装請負を申告し、指導と直接雇用の推奨を申し入れた。また三名は、各社に対し、労働組合として団体交渉を申し入れた。

熊本労働局は、各社の職業安定法、労働者派遣法違反を認定し、是正指導を行うともに、NECセミコンに対して、直接雇用の推奨を行った。団体交渉については、NECロジと日本通運は、団体交渉に応じるべき地位にないとして団体交渉を拒否した。熊本労働局からの指導後、NEC

セミコンは、あくまでも団体交渉ではなく協議であるとして交渉に応じたものの、直接雇用については頑なに拒んだ。

三名は、司法という場での解決を求め、二〇一〇年四月六日、ＮＥＣセミコン、ＮＥＣロジ、日本通運を被告とし、地位の確認や中間搾取の返還を求め、熊本地方裁判所に提訴した。

なぜ偽装請負が起きるのか

偽装請負とよばれる雇用のシステム（仕掛け）を簡単に言い表すならば、それは「必要な時に人を入れて、必要がなくなればいつでも使い捨てできる労働力」ということになる。

通常、労働者は、労働基準法や労働安全衛生法など、各種の労働者保護規定によって守られている。逆にいえば、企業は、こうした労働法制によって、さまざまな義務を負うことになる。解雇によって簡単に労働者の地位を奪うことはできず、職場には安全管理の責任者も置かなければならない。残業等についても、労使であらかじめ労使協定を結ばなければならないし、作業に応じて健康診断なども受けさせなければならない。一定期間以上雇用する者については、雇用保険や社会保険に加入させて、保険料の二分の一を負担しなければならない。

しかし、請負を偽装すれば、企業はこれらの責任を負うことはない。

企業は営利を追求する。生産の工程でのコストはできる限り削減したいとの要求は強い。パートや期間工などで対応することもできるが、直接雇用では、先に述べたような各種義務が生じてしまう。期間工も、何度も契約更新を繰り返すと、正社員と同様、簡単に解雇できないという事態が発生しうる。

企業は、これらの義務や負担を回避するために、偽装請負というシステムを利用するようになる。企業はまず、請負会社と請負契約あるいは業務委託契約を結ぶ。従来、発注先から業務を請け負った下請け会社では、自社の工場等で製品をつくり、納期までに納める。しかし、偽装請負の場合、自社工場等の設備は不要である。請負会社の労働者（以下「請負労働者」）が働く場所は、通常、発注企業の工場内である。業務に関する指示はすべて発注者のほうで行う。

偽装請負というシステムに取り込まれていることに気付かず、その違法性も知らない請負労働者は、当然のように発注者の指揮命令に従いながら働く。発注企業は、義務を負うことなく、自社の労働者と同じように、労働者を使うことができる。請負会社がすることは、必要な人数を集めて、企業に送り込むことだけである。

偽装請負の実態は、労働者供給あるいは労働者派遣である。労働者派遣であれば、一定期間労働者を使用した場合、直接雇用の申し込み義務が発生する。しかし偽装請負の場合、「請負」を装っているため、これらの義務を負うこともない。

発注者側の仕事の繁閑により、仕事が減れば請負契約を打ち切って簡単に労働者のクビを切ることができる。必要になれば、また請負契約を締結して人を受け入れればよい。企業にとって不要な労働者を、名指しでクビにすることもできる。請負会社に、その旨伝えるだけでよい。

労働者は、請負会社の労働者という地位を有しているため、製造現場から追い出されるだけで、建前では、ただちに職を失うものではない。しかし、偽装請負の場合、当初から、発注者の工場に送り込む目的で雇用されている場合が多い。請負会社には、発注元を追い出された労働者を受け入れる考えは毛頭無く、他の受け入れ先も見つからなければ、請負会社から解雇されたり、契約更新を拒否され、働く場所を失うというのが実態である。労働者に解雇を言い渡す役割を果たすのも請負会社だ。発注者は、労働者が解雇されたかどうかには興味もなく、表面上の嫌な役割を果たすこともない。

労働基準法等によって守られるべき請負会社の直接雇用労働者が、請負という偽装の下に、簡単に非正規労働者に置き換えられてしまう。

何らの責任を負うこともなく、生産量に合わせて、労働力を簡単に増減できる「偽装請負」のシステムは、企業にとって大変魅力的だ。いったん使うと、抜け出すことができなくなる。自社の労働力は最低限にとどめることで、労働コストを大幅に削減することができ、利益を上げることができる。

健康管理や安全管理のほとんどを請負会社任せにできるのも企業のメリットとなる。自分の工場内で労災事故が起きても、原則として、その処理は請負会社が行う。請負会社が労災を適切に処理せず、発注企業に迷惑をかければ、請負会社自体が契約を切られてしまうため、将来的な利益を考えれば、請負会社は一定の負担を負うことも厭わない。

製造業では、景気にあわせて生産量の変化が激しいことから、労働者派遣法が制定される以前から偽装請負が横行していた。労働者派遣法により、製造業派遣が解禁されたのは、二〇〇四年三月であるが、その後も、上記の直接雇用の申し込み義務等の負担を免れるために、偽装請負の横行はやまなかった。

二〇〇六年頃から、マスコミ等によって偽装請負の問題点が取り上げられるようになったが、それを受けて請負形態から短期間派遣労働に切り替え、再度請負という形態に戻すという巧妙な隠蔽工作に走るメーカーも相当数あったという。

大手製造メーカーは、地方自治体の企業誘致政策の恩恵を受けて、地方に工場を出していることなどもあり、労働者や地域を支える社会的責任を負う。しかし、偽装請負のシステムを利用し、雇用破壊、地域破壊を引き起こす企業の無責任ぶりは目に余るものがある。

切り捨てられる労働者

偽装請負というシステムの中で、企業が得るメリットは今述べたとおりである。企業のメリットが大きい分、その不利益を受けるのは労働者である。

簡単にクビを切られてしまうというにとどまらず、安全管理も安全上の責任の所在もあいまいなまま、労災隠しや労災とばしが行われるという傾向もある。また、賃金についても、人を送り出すだけの請負会社が仲介することで「業務委託料」という名目の下に、労働者の得るべき対価から、請負会社の利益が中間搾取される。

今回のように、偽装請負の構造が重層的になればその搾取率は多くなり、給与は引き下げられる。発注業者や元請業者の労働者と、労働実態は全く変わらないのに、これらの正社員との給与の差は格段である。偽装請負の下で働く偽装請負労働者の賃金では、一家を支えるにも不十分であるといわざるを得ない。

不安定な雇用と低賃金・劣悪な労働環境の下で労働を強いられ、最後は切り捨てられる。どれだけ長年働いても、功労が報いられることもなく、労働者の誇りと尊厳は無惨に打ち砕かれる。偽装請負に対する有効な労働者保護法制が整備されていない我が国では、労働者はこれらの不利益を結局は甘受せざるをえない。

企業の無責任

今述べたところが、偽装請負横行の理由と問題である。

一般論としてはそうであるが、読者の皆さんには、本件「NEC重層偽装請負事件」に照らし、企業の無責任がいかなるものかを知って欲しい。

この裁判の中で、原告らは、黙示の労働契約の理論に基づいて、被告NECセミコン及びNECロジとの間に労働契約が成立していたと主張している。

これに対し、NECセミコン及びNECロジは、原告の三名が人吉急便の社員であることなど知らなかった、さらには、原告らが錦工場のオペレーションターミナルで働いていたことさえ知らなかったと開き直った。また、NECセミコン及びNECロジは、口を揃えて概ね「業務遂行のために仕様書を交付してある。仕様書に従って業務遂行すれば業務に複雑なことはなく、定型的で簡単な業務である。簡単な業務であるから、個別の指示などする必要もない」と主張した。

裁判は、現在一一回の口頭弁論を経ているが、二〇一二年二月一〇日の口頭弁論には、日常的に原告らに指揮命令を行っていたNECセミコンの社員（生産管理チーム主任）が証言台に立った。その中で、同証人は「原告らの顔や名前は知っている。NECロジの社員の名前は知っていたので、原告らがNECロジの社員でないことは知っていた。原告らがどこの社員であるかを認識したことはない。NECロジに業務委託していたので、そこまで関与する必要はないと思っている」と述べた。

NECセミコンは、仕様書に従って仕事をしていれば、どこの会社の人間とも分からない労働者がいてもかまわないと言い放ったのである。ここに、国内有数の品質を自負する大企業の驚くべき認識が見て取れる。何も知らなかったとしらを切り、品質を自負しながら、マニュアルに従っていれば労働者は誰でもいいと堂々と言ってみせる態度は、まさしく労働者を「モノ」扱いする態度である。

また、裁判では、詳細な作業手順を示した「仕様書」自体が指示文書であるか否かも一つの争点となっている。これについても、NECセミコンの証人は、業務はすべて仕様書に書かれた作業手順によって遂行されているという事実を認めながら、「仕様書に従って業務を遂行する限り、指示ではない」「手順書に沿えば基本的に作業はできるが、それ以外のことを指定した場合は指示となる」「イレギュラーな事態が発生した場合の処置については指示ではない（単なる連絡である）」と述べた。作業手順をすべて示し、これに従って仕事をさせることについて、それが指揮命令であるという認識が全く欠けている。

証人は、製造部門におけるＮＥＣセミコン自身の社員についても、ＮＥＣセミコンが作成した仕様書に従って作業に従事することを認めている。もし、ＮＥＣセミコンの法廷における理屈を貫けば、自社の社員にさえ、指揮命令は存在しないということになる。指揮命令は「労働」の本質的な要素である。ＮＥＣセミコンにとって一体誰が「労働者」なのだろうか。

ＮＥＣロジの営業所長も、ＮＥＣセミコンと全く同じような主張を繰り返すのみである。日本通運に業務委託していたから、それ以降の人間関係には関与しない、仕様書に従えば簡単な作業であるから、個別の指示等は必要ないというものである。ＮＥＣセミコンもそうであるが、知らなかったと言って、自社より下の受託業者に責任転嫁するという構図である。これについて、日本通運の証人（熊本支店次長）からは「ＮＥＣロジさんのほうで、（原告らが）急便の従業員って知らない人はいないと思うんですけど」と責任転嫁を否定する発言も出てきたが、いずれにしても、同時に偶然的に四社が偽装状態を作出したなどということはありえない。巧妙に仕組まれた共通認識の下での偽装である。

日本通運は、人吉急便との間で取り決められた単価の一〇パーセント増しで、被告セミコンから業務委託料を受け取っていたことが明らかになった。

日本通運の証人の証言から、物流業務への関与実態はなかったという事実が明らかにされた。NECロジは、日本通運に仕様書を交付していたと主張していたが、日本通運の錦工場の担当者は、仕様書など見たこともなく、仕事が適正になされているかどうかをチェックすることはできない、それをするのはNECロジだと証言した。具体的業務に関する関与はなく、一〇パーセントの利益を得ているのであれば、それは搾取と評価すべきものである。

三人の原告は、被告側企業の証言を聞き、愕然とした。労働者を犠牲にしながら、それでも開き直る態度に怒りも感じた。しかし、これが、三人が置かれていた労働現場での実態であった。

解決のために

偽装請負は、企業にとってはおいしいシステムである。法的に問題があることは分かっていても、その旨味にとりつかれたとき、なかなか手放そうとはしない。

非正規雇用増大の温床である労働者派遣法下での派遣労働者も、不安定雇用、低廉な労働条件という問題は抱えている。しかし偽装請負は、本来、労働者派遣法によって負うべき義務さえも免れて、利益だけを得ようとする無責任な態度に鑑みれば、その悪質性は大きい。

偽装請負について、厚生労働省は平成一八（二〇〇六）年九月、各都道府県の労働局長に対し、製造業派遣解禁後も特に製造業において偽装請負が横行しているとの認識の下、監督指導の強化等を指示した。

偽装請負が社会問題になった後、労働局が調査・指導に入った案件も相当数あるようだが、是正指導だけで、労働者の直接雇用を義務づけるような法制が整備されていなければ、労働者保護という観点からも、企業に偽装請負をやめさせる動機付けとしても限界がある。

本来立法で解決すべき問題であるが、これまで有効な労働者保護法制は整備されておらず、製造現場から追い出された請負労働者の多くが泣き寝入りをしている状況である。

平成二四（二〇一二）年三月には、労働者派遣法が改正され、偽装請負等を含む違法派遣の場合、派遣先が違法派遣であることを知りながら派遣労働者を受け入れている場合、派遣先が派遣労働者に対して労働契約を申し込んだものとみなすという労働契約申込みなし制度が制定された。しかしその施行日は、法の施行日から三年経過後に延期されており、派遣先が違法派遣であることを知っていたか否かという認識を要件としている点でも問題がある。また派遣法改正の中では、そもそも「製造業派遣の原則禁止」は削除され、今後の検討事項とされた。立法による労働者保護法制の整備は、なかなか進んでいないというのが実態である。

なお、製造業派遣の禁止は、製造業派遣解禁直後から根強く叫ばれていたことであるが、製造業派遣が禁止されたから、偽装請負が横行するなどという結果になってはならないことは言うまでもない。脱法を許さない法整備が望まれる。

いずれにしても、立法・行政による労働者保護が図られない現状では、その解決を司法に求めるほかない。しかし、司法に解決を求めることは、決して楽な途ではない。時間がかかる上、その間の生活をどのように確保するのかということが大きな問題となる。しかも、偽装請負事案において、直接雇用関係を認め、労働者側の勝訴を認めた大阪高裁判決を覆し、労働者を敗訴させた二〇〇九年一二月一八日松下プラズマディスプレイ最高裁判決以後、労働裁判の流れは労働者に非常に厳しいものとなっている。司法が、司法の役割を放棄したのかとさえ疑われるような、形式だけの検討に終始する判決が散在しているのが現状である。

この熊本での裁判では、三人の原告は、自分たち自身の雇用確保という問題もさることながら、労働者が二度と同じ目に遭うことのないよう、司法の場を通じて、安心して働くことのできる労働法制の構築に少しでも貢献したいと考え、たたかいを続けている。司法の場での勝利を勝ち取ることはその大前提となるが、そのためには、労働組合だけではなく、正規・非正規を問わず、多くの労働者・市民の大同団結が必要である。社会に与える影響が大きいだけに、多くの労働者・市民が、真に解決そして制度の改革を求める声を大きくし、司法が司法としての役割を果たしてくれるよう、大きな世論を作ることが重要である。

非正規労働者の問題は、非正規労働者だけの問題ではない。不安定雇用の増大は、社会経済の不安をもたらし、正規社員の雇用も破壊する。ここ数年、大手製造メーカーが、数万人単位のリストラに乗り出しているが、その対象は非正規社員だけではないことからも明らかである。現に二〇一二年四月には、ソニーが一万人の人員削減を、同じく五月にはルネサスエレクトロニクスが一万四千人の人員削減の方針を打ち出した。

本書を通じて、偽装請負の下に置かれた労働者の実態を知ってもらい、この事件の解決と安定雇用の制度実現に向けて、一人でも多くの人に支援と賛同が得られることを切に望む。

2　私たちは訴える――原告・支持者の発言――

人間らしく働き、人間らしく生きるために

原告（ＮＥＣ重層偽装請負訴訟原告団団長）　柳瀬　強

私は、人吉急便に就職する前に、一九九七年二月八日から二〇〇二年八月三一日までは、九州産交運輸株式会社の社員でした。仕事の現場は、今回問題となっているＮＥＣセミコンの熊本錦工場での構内物流で、今とまったく同じ仕事をしていました。

配置されたのは、オペレーションターミナルという部署で、工場内外の製品・資材の搬出入を管理する仕事を行うところでした。具体的には、製品・資材の入庫票やロットカードの照合、パソコン入力、社内外の文書の収集・運搬、工事品の受入れと支給などでした。

当初の人員構成は、三班二交代制（各班三名）で、一交代あたり、ＮＥＣロジが六名、人吉急便が二名、九州産交運輸が一名の合計九名が配置されていました。各班のリーダーはＮＥＣロジの従業員でした。

NEC 重層偽装請負訴訟の 3 人の原告。左から松永政憲さん、柳瀬強さん、柴田勝之さん（2012 年 1 月 28 日、裁判闘争勝利決起集会にて）。

その後、二〇〇一年一一月ころ、いわゆるITバブルの崩壊のあおりを受けてのことと思いますが、同工場内の正社員二名が私たちの部署に配置されたことにより、玉突き人事で九州産交運輸の従業員はNECセミコン熊本錦工場から撤退をすることになりました。

そして、NECセミコンの工場から離れて一〇ヵ月後に、再び同じ工場に送りこまれることになるのです。私はいったん九州産交運輸を退社し、今度は、人吉急便の社員として、日通がNECロジから請け負った業務を再委託されて、同じ構内物流の仕事をすることになったのです

二〇〇二年九月二日、私は人吉急便の事務所でT社長の面接を受けた後、NECロジの営業所に行き、K所長とS主任の二名の面接を受けました。そのとき、履歴書については、九州産交運輸のときのものがあるので提出は不要だとK所長に言われましたが、いちおう所属する会社が変わるということで提出しました。

この面接では、仕事の内容は九州産交運輸のときと同じであることなどの説明を受けました。そして所長から、その日の夜から働けるかどうか聞かれたので、その日の遅番から仕事を始めました。工場での作業の指揮命令は、ＮＥＣセミコンの生産管理チームの担当者とＮＥＣロジの主任から行われました。具体的には、社内ネットワークシステムを使ってのメール、電話、直接口頭などによって、また、作業手順などを記載した指示文書である仕様書によって行われ、その仕様書にはＮＥＣセミコンの担当者からの指示を受けることが明記されているものもありました。

制服は正社員と同じＮＥＣのロゴの入ったものでした。クリーンルームに入るときに着る白衣には「ＮＥＣＬ―〇班」と書いた名札がついていました。もっとも、何が理由か分かりませんが、二〇〇八年七月頃からは、人吉急便の社員だけが日通航空の制服に変更になりました。また、工場内での作業で使う個人名と日付の入ったゴム印は、ＮＥＣロジスティクスの社名が入っていました。なお、このゴム印は、二〇〇八年八月ごろ順法（コンプライアンス）上問題ありとして、新入社員には支給されなくなるのです。

私は、こうした働かせ方、請負でＮＥＣセミコンの工場内で働くのに、雇い主である人吉急便のからの指示は全くないし、他に製造ラインに派遣で送り込まれている日本エイム、ＫＨＣの労働者も居ましたから、我々も請負ではなく派遣ではないのかと思うこともありました。

人吉急便は、形式だけの雇用主であり、実態としては指揮命令やその他の管理を行っていたＮＥＣセミコンやＮＥＣロジが雇用者としての責任を負うべきなのです。

しかし、NECセミコンなどは、労働局から偽装請負として是正指導を受けても、いちおう形だけの是正報告書は提出したものの直接雇用は拒否しつづけ、工場内の偽装請負の実態は何ら変わっていないのです。このことは、裁判の証人尋問の中で図らずも、NECセミコン生産管理チーム主任が、是正指導の後も「何も変わっていません」とはっきりと証言したのです。

二〇〇八年一一月二八日、人吉急便の社員がNECロジの熊本営業所（錦町）の二階会議室に集められ、日通のO課長から生産縮小の話があり、人吉急便のT社長から「三人を解雇する。やめたい者はいないか」と尋ねられ、誰も手を挙げなかったため、誰が指名解雇されても文句を言わない旨の文書に署名捺印させられました。当時は、整理解雇に四要件があることを知らず、何も抗議しなかったことは悔やまれてなりません。そして、後日、一二月二六日付けで解雇するとの解雇通知が自宅に郵送されてきました。

九州産交運輸の四年九ヵ月と、人吉急便で六年四ヵ月、通算すると一一年以上もNECセミコンの構内物流の業務を続けてきて、退職金はゼロ、再就職の斡旋も何もない解雇通告一枚だけの解雇でした。

なぜ、私が解雇されなければならなかったのか、まだ、子どもは専門学校生と高校生、解雇で収入がとざされることにより家族の将来設計は崩れ去りました。私は、長年がんばってきた仕事を解雇されたことで、心にぽっかりと穴が空いたような気持ちになり、これからどうしようかと、数ヵ月間放心状態になりました。娘は専門学校を中退させて県外に就職させ、高校生の息子の学費は生活を切りつめて、妻のパート代と私の新聞配達のバイトでギリギリの生活になりました。

悔しさでいっぱいでした。このまま泣き寝入りはしたくない。そんな時、ローカルユニオン熊本から、一人でも入れる労働組合があると説明を受け、三人で組合を作ってたたかう決意をしたのです。

解雇されてからこの三年間の道のりは、組合結成から地位保全を求めての裁判闘争へと、無我夢中で走り続けてきた感があります。

労働局への申告、ＮＥＣセミコンとの団体交渉、街頭や工場門前での支援の訴え、派遣切りと闘う全国の争議団との交流など、この闘いは、何もかも初めての経験でした。

提訴に踏み切ったのは、ＮＥＣセミコンは交渉には応じたものの雇用者責任を認めず、ＮＥＣロジと日通は交渉にも応じなかったため、司法による解決の道しかないと判断し、非正規雇用という働かせ方の問題を社会的に明らかにし、世論の力で変えていこうと三人で誓ったからです。

この闘いを進めていく上では、裁判闘争の資金や、私たち原告三家族の生活を維持していくことは、大変な課題でしたが、裁判に踏み切る前からできていた支援組織の存在が決定的でした。私たち自ら先頭に立って支援カンパを訴えるとともに、地元、人吉・球磨では「ＮＥＣ労働者を支援する郡市民の会」が作られ、県レベルでも県労連が中心となって「ＮＥＣ労働者の雇用を守る会」が結成され、資金面でも運動の面でも大きな力となっています。

私たちが、この三年間、ジグザグの試行錯誤はありながらも三人の団結を壊すことなく、大企業と正面から闘いつづけてきたのも、支援する会の支えがあったからだと思います。

裁判は、二〇一二年七月二七日に最終弁論・結審を迎えますが、この闘いはたんに私たち原告三人の職場復帰を勝ちとるだけではなく、全国で労働者の三分の一と言われる弱い立場の非正規労働者が人間らしく働くことのできる社会をつくる、その第一歩を築くものだと考えます。

裁判所は、企業の利潤追求により人間が疎外され、貧困と格差が進行している原因が、企業の雇用責任を問わない非正規という雇用形態にあることをきちんと認識し、労働者の尊厳を取り戻すべく、私たちの要求を認めるよう切に訴えます。

人間をモノとしか見ない大企業の姿勢をただす

原告（NEC重層偽装請負訴訟原告団副団長）　松永　政憲

私は、今回の重層偽装請負事件で解雇される前に、ルネサスセミコンダクタ九州山口・熊本錦工場の前身である、熊本日本電気株式会社（NEC熊本）に一九八四年から二〇〇二年までの一八年間、半導体の組立等、製造業務に従事した経験をもっています。

二〇〇一年一〇月、NEC熊本は、NEC大分等と統合され「NECセミコンダクターズ九州」（ＮＥＣセミコン）となりました。

二〇〇二年当時、会社はＩＴバブルの崩壊でリストラを行っており、私は夜勤業務で体調を崩したこともあり、特別転身制度を利用して早期退職しました。

私は二〇〇四年九月から、再びＮＥＣセミコン・熊本錦工場で働くことになるのですが、今度は人吉急便の社員の形を取って、日通の下請け、ＮＥＣロジの孫請けの労働者として、送り込まれたのです。労働条件は正社員とは雲泥の差でした。ＮＥＣセミコン正社員時代の給料明細と比べると、給料は半分以下で退職金もボーナスも無く、年休も忌引休もなく、休めば即減収になりました。

工場には、形式だけの雇用主である人吉急便の社長はまったく顔をみせず、日通の社員もおらず、仕事の指示はもっぱらＮＥＣセミコンの担当者と、我々の上司と位置づけられていたＮＥＣロジの主任から出されていました。その具体的な指揮命令の実態については、熊本労働局が重層偽装請負に関わった四社を職業安定法四四条違反の決定的な証拠とした引継書に克明に書き残されています。

また、指揮命令の実態を示すものとして、作業の手順などを示す仕様書の存在があり、それはＮＥＣセミコンの命令を遂行するための大事な指示文書の役割を果たしていました。例えば、「熊ＯＳ」と呼ばれている「作業標準書」、「九ＭＤ」「熊ＴＯ」という品質管理・技術に関する文書、これらはＮＥＣセミコンの品質管理や技術チームから発行され、ＮＥＣロジの社員も私たちも同じ仕様書に従って業務を行っていました。

私は、一回だけ現品票の差し間違いというミスを犯したことがありましたが、その処置には人吉急便も日通も呼ばれることはなく、NECセミコンが発行した「ルールを守る風土つくりシート」に、ミスの内容、原因、対策などを自分自身で記入し、NECロジ経由でNECセミコンの品質管理チームに提出しました。ミスについて発表し再発防止策を検討する現場検証にも、人吉急便の社長も日通の責任者も立ち会うことはありませんでした。

私は先に述べたとおり、同じ工場でNECセミコンの正社員の経験があり、当時は請負や派遣などの協力会社の労働者を指揮する側にいたわけですが、非正規の人たちは労働組合もなく不満があっても我慢するしかない、作業現場は三Kと言われる辛い仕事を押しつけられ、リストラでは真っ先に切られる、こうした正社員との格差にやりきれない気持ちを感じていました。

そして、今回の偽装請負の非正規労働者として工場に送り込まれ、同じように人をモノ扱いし使い捨てされる当事者になったわけです。

二〇〇九年二月二四日、NECロジ営業所の二階会議室に人吉急便所属の社員全員が呼び集められ、日通の課長から「錦工場の生産が落ちているので構内物流の業務も縮小する、それにともなって二名人員削減する」と、解雇の予告が行われたのです。

その二日後、解雇通知書が自宅に送付されてきました。私は、会社のために懸命に努力してきたのに、解雇された処分に納得できませんでした。

立場が正社員から非正規に逆転したことから、同じ会社に勤めながら、非正規労働者を差別扱いすることに一層疑問を感じるようになり、解雇通知書一枚で簡単にクビを切ることは許せないと、ローカルユニオン熊本に相談したのです。そこで私たちは、私たちの働かせ方が偽装請負であることを聞かされ、違法な働かせ方をした上に、簡単に解雇されてしまったことに、大変な怒りとショックを受けました。

三人で労働組合を立ち上げ、人吉急便、日通、ＮＥＣロジ、ＮＥＣセミコンに団体交渉を申し入れるとともに、熊本労働局に偽装請負の申告と、直接雇用を指導するよう求めました。熊本労働局は、ＮＥＣセミコンやＮＥＣロジなど四社の偽装請負を認定し、是正指導を行いました。しかし、ＮＥＣセミコンは、労働局から直接雇用の推奨の指導を受けながらも、また、国会で仁比参議院議員が取り上げたにも拘わらずそれを受け入れませんでした。ＮＥＣセミコンとの団体交渉も六回にわたって行いましたが、拒否し続けて決裂し、やむなく裁判にふみきったのです。

年齢からして、再就職先があるわけもなく、今後の生活をどうしようかと眠れぬ日々が続きました。当時、長男は高校三年生で進学を考えていましたが、断念するしかなく、子どもの意向に沿えず就職してくれましたが、すまない気持ちで一杯でした。また、解雇された年の暮れには失業保険も切れ、生活費を賄うために生命保険を解約し少しばかりの蓄えも崩しながらの厳しい生活となりました。

裁判に立ち上がるのは、大変勇気がいることでした。このまま引き下がるわけにはいかないと思いつつも、裁判費用はどうなるのか、生活費はどうするのか、裁判に果たして勝てるのか、家族からも反対され、まったく初めての経験で不安だらけでした。

裁判に立ち上がるきっかけとなったのは、まわりの支援者からの励ましの声でした。この裁判を自分の家族のことのように親身になって考えてもらい、署名活動やカンパなど物心両面からの支援は、私たちを勇気づけるものとなっています。

この裁判を通して、人間をモノとしか見ない大企業の姿勢や、非正規労働と貧困と格差社会のつながりが見えてきて、私たちだけの問題ではない、社会全体の問題だということが分かりました。

労働者にとって、労働はたんに賃金を得るための手段というだけでなく、生活、生き方、社会との関わりの窓口、将来設計、夢、やり甲斐など、労働者の全人格・尊厳と結びついた、とても重要なものです。ですから、仕事を奪われるということは、これらすべてを失うということを意味するのです。そのことが、経済的にも精神的にもどれだけ苦しいことか、どれだけ社会から疎外感を感じることか、被告企業にも裁判所にも分かって欲しいと思うのです。

偽装請負という巧妙に仕組まれた形式の中で、労働者は翻弄されています。人吉急便に使用者としての実態が全くなかったことは明らかですが、偽装請負である以上、人吉急便から形式上給与が支払われることも当然です。今は労働者派遣法というものがありますが、働くことの本質を考えたときに、指揮命令のない労働というものがあるのか、私は、疑問を抱かざるをえません。

何より錦工場で行われた偽装請負は、ＮＥＣセミコン、ＮＥＣロジ、日通、人吉急便によって、たまたま同時に行われたのではなく、ＮＥＣセミコンやＮＥＣロジが私たちを指揮命令下に働かせるために、お互いに意思を通じて行ったものです。その悪質さは、社会的に裁かれなければなりません。

裁判所は、形式にとらわれることなく、今回の労働の実態を真正面から受け止め、私たちとＮＥＣセミコンやＮＥＣロジとの間に、直接の雇用関係があったことをきちんと認めるべきだと強く思います。

誇りとしていた仕事を奪われて

原告（ＮＥＣセミコン重層偽装請負訴訟原告団事務局長）　柴田　勝之

私は、ＮＥＣセミコンで働き続けることを前提に生活設計をしてきました。高性能の半導体を作る工程に携わっていることに誇りを感じ、働くことに生きがいを感じていました。それが解雇によって一瞬にして奪われました。

私は、二〇〇四年四月二一日から、ＮＥＣセミコンダクターズ九州の熊本錦工場で働きはじめました。きっかけは、地元のハローワークに出されていた求人に応募したことでした。その求人は、就業場所・NECセミコン内、事業所名は人吉急便となっていました。そして、ハローワークを通してこの求人に応募しました。数日後、人吉市の人吉急便の事務所で面接を受け、採用されました。

働き始めるにあたって、NECロジスティクス（以下「NECロジ」）という会社から、NECの制服と、工場に入る時に必要な入門証が渡されました。入門証には「所属・NECロジスティクス」と書かれていました。この時点で、私はいったいどこに雇われたのだろうという思いが出てきました。そして、働き始めてすぐに、NECロジから、NECロジの社名と私の名前が入ったゴム印を渡されました。私は、ますます自分がどこに雇われたのか分からなくなってきました。

錦工場には、請負や派遣会社が数社入っていましたが、錦工場で働く人はすべてNECの制服を着用していました。そのため、制服だけでは所属がわからず、よくNECセミコンやNECロジの社員とまちがわれていました。ボーナスの時期になると、NECセミコンの社員から「ボーナスいくらもらった？」などと聞かれ、私が「ボーナスは無いですよ」と答えると、不思議な顔をされたこともありました。

私たちが行っていた業務は構内物流といって、大まかに言うと、手押し台車等を使用して半導体を運搬したり、製品になった半導体をトラックに積み込んだり降ろしたりといった搬入・搬出作業と、パソコンを使用して半導体を管理するような作業でした。文字にすると簡単な作業のようですが、運搬に関しては、半導体製品は一つ一つが小さく、慎重な取り扱いが求められます。また、半導体製品は非常にデリケートで、静電気の発生や繊維屑の付着等に気をつける必要がありました。

パソコンを使っての作業も、複雑な処理をしなければいけないものもあり、作業手順をまちがえた場合や、誤った数字を入力してしまった場合は、製品を製造現場に投入することができませんでした。そうなると現場レベルでは解決できず、NECセミコンの生産管理チームに連絡し、処理をしてもらったり、指示を仰いだりしました。

作業の指導はNECロジの社員から受けました。業務に関する指揮・命令は、NECセミコン・NECロジ両方から受けていました。NECセミコンやNECロジは、NECセミコンが作成した仕様書に従えば作業はできるので、指揮・命令など必要なかったと主張しています。しかし、個別の指示が一日に数回あり、その指示に従って作業をすることがありました。仕様書自体にも、NECセミコンの生産管理チームに指示を仰ぐよう記載されているものもあり、実際に指示や指導を仰いでいました。

NECセミコンの生産管理チームのM主任（当時）は、的確に指示や指導を行ってくれました。私が、職場に備え付けられていた緊急連絡網を使い、夜中に連絡したときも嫌な素振りなどせず、丁寧に対応してくれました。そのため、私はM主任を一番信頼していました。

トラックへの積み込み業務などに関しては、NECロジからも指揮・命令を受けていました。パソコンを使う作業もあり、NECロジのTMSと呼ばれるシステムを使い、積み込む製品や物品のデータを入力していました。このシステムの操作は、NECロジの社員から教育を受けました。このように、私たちは日常的にNECセミコンやNECロジから指揮・命令を受けて働いていました。

請負と称しながら、人吉急便や日本通運は、私たちに業務指導や安全教育は一切行っていません。また、彼らから指揮命令を受けることもありませんでした。また、人吉急便に行くのは毎月の給料を取りに行くくらいでしたので、まるで給料を払う窓口のようでした。私は次第に、自分の雇用形態に怪しげなものを感じていきました。

日本通運にいたっては、錦工場に社員が常駐しているわけでもなく、まったく実態がありませんでした。二〇一二年三月一六日に行われた被告証人尋問で、日本通運は、人吉急便から供給を受けた労働者を、請負元のNECロジに供給するだけで、一〇%中間搾取していたことが明らかになっています。

途中で、私たち人吉急便の社員だけ日本通運の制服に変わりました。なぜ日本通運の制服に変わったのかを、NECロジの主任に聞いたことがありましたが「NECと同じ制服だとまずい」というような答でした。今思うと、偽装請負を隠そうとしていたのだと思います。

二〇〇八年のいわゆるリーマン・ショック後、それまで堅調だった半導体の生産数は激減しました。製造現場には「停止中」の表示がされた設備が増えていきました。そして、日に日に製造現場から派遣・請負社員が減っていきました。

二〇〇九年二月二四日、NECセミコンで働く人吉急便の社員がNECロジ営業所の二階会議室に集められました。会議室には人吉急便のT社長と日通航空のO課長がいました。まず、O課長から工場の生産が落ちているので構内物流の業務を縮小する、それに伴って人員を削減すると言われました。

O課長の話が終わった後、T社長から「やめてもいいものはいないか」と言われました。みんな働き続けたいのに自分からやめたい人などいるわけがありません。手をあげるものはいませんでした。

T社長は用意周到でした。今度は一枚の紙を取り出し、その紙にサインしろと言いました。その紙には、誰が解雇されても異議はありませんと書いてありました。

私は、人生でこの時ほどみじめな思いをしたことはありません。私達に人権などなかった。NECセミコンと人吉急便を含めた支配従属関係をはっきりと認識させられた私たちは、サインをするしかありませんでした。

二〇〇九年二月二六日、私は、生まれて初めて解雇通知というものを見ました。その解雇通知には短く、残念ながら貴殿を解雇すると書かれていました。残念なら解雇するなよと思いました。

当時、労働法の知識などなかった私には解雇を撤回させる術などなく、どうあがいても、このまま解雇されるのだという現実に愕然としました。そして、四年一〇ヵ月間働いていた職場を解雇されました。

解雇されることを前提に働き、生活することなどありえません。いつまで働き続けることができるのかわからず、常に解雇されることを意識しながら働かなくてはいけないなら、それはもはや権利としての労働ではありません。

私は、非正規労働者はいつでも使い捨てられる道具として利用される現実を、身をもって経験しました。労働者はモノではありません、生身の人間です。人間らしい生活を送るためには、この現実は変える必要があります。

私は、この裁判に勝利し職場に戻りたい。著しく傷つけられた人間の尊厳を取り戻したい。そして、働く仲間・支援者の方々・弁護団と力を合わせて、誰もが安心して働き、生活できる「正社員が当たり前の社会」を実現させるために、粘り強く闘いたいと思います。

原告三人を支えてともに闘う

支援者（ＮＥＣ労働者を支援する郡市民の会代表）　多田喜一郎

二〇〇八年一二月末から二〇〇九年の年始にかけて、東京・日比谷公園に設けられた「年越し派遣村」は、マスコミでも連日取り上げられ、全国民の注目の的となりました。

二〇〇九年一月二三日、その「年越し派遣村」の村長を務めた湯浅誠さんを招いての講演会が八代市で開かれると聞いて、何をもさておき友人たちと馳せ参じたのでした。

日本の将来にとって大問題であること、こんなことを放置すべきではないと確信した講演でしたが、まさか私自身がこの問題に直接関わりあうことになるとはその時点では夢にも思っていませんでした。

この年の春、錦町のＮＥＣ工場で働いていた労働者三名が、解雇されたことは不当であると「声」を挙げたのです。そして三月三〇日、彼らは、熊本県労連、ローカルユニオン熊本の支援を受け、熊本労働局へ直接雇用の勧告と偽装請負の是正を求める申告を行いました。数千人とも数万人とも云われる不当な非正規切りの嵐が吹き荒れている中で、この「声」を挙げたのは、熊本県では初めて、九州内でもわずか三件目ということも驚きでした。

日本有数の大企業、ＮＥＣに毅然として立ち向かった三人の労働者を孤立させてはならないと、四月二九日、人吉市において八二名が参加しての「ＮＥＣ労働者を支援する集い」が開催され、いち早く支援の会を立ち上げたのです。

農林水産省に永年籍を置いていた私にとって、民間企業の状況についてはほとんど知識を持ち得ていないというのが正直なところで、問題点を理解するまでには時間を要しました。派遣労働者としての劣悪な待遇、偽装請負、四層にもなる人ころがしと、公務員の感覚からは信じがたいことばかりでしたが、規制緩和の合唱の中で派遣労働を公認してきた労働行政の弊害であることは明らかでした。

ＮＥＣに対し、不当解雇を認めて、三人を早急に職場に復帰させる事を求め、団体交渉を行うとともに、ＮＥＣ工場門前でのビラ入れ、街頭での署名宣伝活動、大衆団体や労働組合への支援要請に取り組みました。熊本労働局は八月になって、偽装請負であることを認定し、直接雇用の推奨を含めて「是正指導」を行いましたが、ＮＥＣはそれに従いませんでした。六回に及ぶ団体交渉も決裂、三人は意を一つに二〇一〇年四月六日、「ＮＥＣ重層偽装請負事件」として熊本地裁に提訴したのです。

長期戦を覚悟せざるを得ない裁判闘争、そして収入の道を閉ざされた彼らの生活を支援するための資金づくりが必要でした。そのために、二つの事に取り組みました。

一つは、恒常募金です。毎月、一口千円の口座引き落としによる個人募金です。

あと一つは、物品販売です。私たちの支援活動に理解をいただいた地元あさぎり町と錦町の二戸の農家の協力を得て、コメ、甘藷、お茶などを販売することとしたのです。味、品質とも好評で、定期的に購入される方も増えています。

お陰で三人の生活費の一部分を支援できたし、熊本地裁まで片道百キロ、毎回二〇名を超す裁判傍聴の交通費などを生み出すことができました。このように、この闘争はいろいろな分野の人々を巻き込みながら、大きく広がってきています。

二〇一二年四月二〇日の第一一回口頭弁論で、原告、被告双方の証人尋問が終了し、七月二七日の結審、その後の判決を待つことになりました。これまでの口頭弁論で、原告側の主張に一点の曇りもないことに比べ、被告側の主張は矛盾だらけであることが浮き彫りにされました。絶対負ける裁判ではないと確信を深めています。

この裁判闘争は、彼ら三人だけの問題ではない、非正規労働者はもちろん日本の全労働者、これから巣立っていく子どもたちの働き方にかかわる問題です。周りの人たちにこのことを語り、理解を得ながら、さらに支援の輪を広げていきたいと思っています。

3 正義を力に

闘いは今、人吉・球磨から始まった

弁護士　板井　優

熊本県労連の楳本光男さんから球磨郡錦町のＮＥＣ工場で「偽装請負」の被害を受けた労働者が立ち上がっているが、裁判できないか、と尋ねられた。私は即座に、裁判は万能ではないこと、むしろ労働実態、事実こそが大事であり、粘り強く交渉を続け、事実に基づいた労働関係を築けという要求を貫くことが大事であると話した。

私たちは、熊本の地で、水俣病問題、南九州税理士会政治献金事件、ハンセン病問題、川辺川ダム利水問題など多くの裁判を手掛けてきた。これらの裁判では、人権侵害の事実を徹底して裁判所の前に明らかにし、これを救済することが裁判所の役割であり、勝訴判決を梃子に国民世論を変え力のある正義を実現し解決を図っていく道筋を裁判所に訴えてきた。裁判では、無条件に生の事実を裁判所に突き付け、本当にこのような人間の尊厳を否定した事実を裁判所が積極的に救済して行くべきと訴えて来た。「事実を、もっと事実を、さらに事実を」である。

裁判は、実社会で力の差で敗れたものが、法と正義の支配の下でリターンマッチをする形で行われる。しかし、裁判を始めた当初は、世論は加害者側を支持し、必ずしも被害者側の人権回復への闘いを支持していない。往々にして裁判官たちはこうした世論に支配される。特に、行政や企業が介在する事件ではその傾向は大きい。だからこそ、裁判の前に事実を変えて行く闘いが必要なのである。

また、憲法は、政治的多数派が国会で法律を作り、行政がこれを執行することを認めている。しかし司法は行政によって誤って執行された事例だけを救済するものと理解している誤った理解も往々にして存在する。司法が、ハンセン病熊本地裁判決のように、立法と行政の過ちをも厳しく断罪することも必要なのである。

人吉・球磨では、川辺川・球磨川水系にダムを作らせない、ダムを取り壊させる流域農民・漁民・住民の闘いが粘り強く行われてきた。こうした地域で、安い労働力を求めて田舎に進出してきた企業に対し、立ち上がる労働者とこれを大きく支える住民たちがいたのである。

こうして、裁判を始める前に、企業との粘り強い直接交渉が行われ、労働基準監督署が、誤った労使関係を是正するよう求めるところまで、闘いは展開された。

労働者と使用者は対等平等であるべきである

労働者が使用者の指揮命令の下で、ものを作りその対価として賃金を受け取る。これが、多くの国民が思っている労働関係である。これが直接雇用の原則と言われるものである。わが国の労働基準法第六条は、「何人も、法律に基づいて許される場合の外、業として他人の就業に介入して利益を得てはならない」と規定する。これが、直接雇用の原則を謳った規定である。

こうした法律ができたのは、労働者は、資本をもつ使用者との間では経済的不平等があり、使用者の経済的優位性を法律の力で対等平等にする必要性があるからである。労働組合法は、労働者が労働組合をつくることによって集団として、使用者の経済的優位性と平等関係になることを認めている。

極端な例を上げれば、かつて、わが国では今日でいう暴力団などが「たこ部屋」を作り労働者の給料をピンはねして奴隷労働を強いていたことがある。ここでは、使用者に対して文句を言おうものなら、暴力と脅迫で労働者を黙らせていたのであり、その限りで、使用者は間接雇用の利用価値を知っていたのである。

まさに、人間らしい生活を事実として確立するものとして直接雇用の原則は存在する。

偽装請負とは何か

では、人吉・球磨では何が行われていたのか。

これまでに、いろいろな形でシンポジウムが行われ、「偽装請負」の実態は明らかにされている。

錦町に「ＮＥＣセミコン」という会社の工場がある。本来であれば、そこで働いている労働者の雇い主は「ＮＥＣセミコン」である。ところが、「ＮＥＣセミコン」は、自分は雇い主ではないという。どうなっているのか？

「ＮＥＣセミコン」によると、柴田勝之さん、松永政憲さん、柳瀬強さんたち三人の労働者は、「人吉急便」という会社に雇われているというのである。「ＮＥＣセミコン」は、その業務を「ＮＥＣロジ」という会社に委託という形で請負に出し、「ＮＥＣロジ」は委託された業務を「日本通運」に再委託という請負に出し、さらに「日本通運」は再委託業務を「人吉急便」に再々委託という請負に出しているというのである。しかし、職場では、「日本通運」や「人吉急便」は何らこの三人の労働者に指揮命令をしていない。いないにもかかわらず、請負ということで間に入ったこれらの企業はそれぞれ、三人の労働者の賃金をピンはねしているのである。

何のためにそのようなことをしたのか？

要するに、請負であれば、法律上いつでも簡単に解約できるのである。請負だと、労働基準法・職業安定法などの労働者保護の規制を一切受けないのである。すなわち、景気が悪くなるとあっさり労働者の首切りを行うのである。事実、これら三人の労働者は二〇〇八年一二月から〇九年三月までに、「ＮＥＣセミコンの生産縮小のため」という理由で「人吉急便」から解雇された。

労働基準法六条の外に、職業安定法四四条は、何人も厚生労働大臣の許可を受けた場合の外は、労働者供給事業を行い、またはその労働者供給事業を行う者から供給される労働者を自らの指揮命令の下に労働させてはならないとする。こうした法律を潜り抜けることは脱法行為であり、そもそも認められない。さらに、例外規定を無条件で認めることは憲法上の要請からもできないのである。

こうした法律の保護を認めないと、労働者は人間の尊厳を保って生きて行くことはできない。憲法二七条は「すべて国民は、勤労の権利を有し、義務を負う」として、勤労条件は法律で定めるとする。

これによって、国が自ら定める法律において勤労の権利・義務を否定することができないものと言わざるを得ない。また、憲法一四条は法の下の平等を定めており、これらの非正規労働者を正規労働者と差別することは許されない。

こうした憲法や法律の規定を否定することはいかなる理由があろうとも許されないと言わなくてはならない。すなわち、国が脱憲法・法律違反をすることはできないのである。

では、わが国の裁判所はどういう立場を取っているか

残念ながらわが国の裁判所は、この事態に対して、事実に即した判断をしているとは思えない。この非正規労働者の裁判に関して、パナソニックＰＤＰ（プラズマディスプレイ）最高裁判決では、派遣先と派遣元の契約関係が偽装請負であることを認めた。しかし、判決はこの場合の三者間の関係は、労働者派遣法二条一項にいう「労働者派遣」にあたるとし、このような労働者派遣もそれが労働者派遣である以上は、職業安定法四条六項にいう労働者供給に該当する余地はないとした。判決は、仮に労働者派遣法に違反する労働者派遣が行われた場合であっても、特段の事情がない限り、そのことだけによっては派遣労働者と派遣元との間の雇用契約が無効になることはない、パナソニックＰＤＰと原告労働者との間には黙示の雇用契約成立も認められないとして、損害賠償請求のみを肯定した。

しかし、偽装請負が職業安定法や労働者派遣法を脱法して労働者の使い捨てを容認する道具に使われていることは明らかである。これは明らかに労働者の人権に対する国家的侵害である。この最高裁判決は早晩歴史の屑かごに捨てられるであろうことはまちがいない。

ところで、わが国の裁判所は、必ずしも人権擁護の守り手ではなかった。

水俣病の例でも明らかであるが、むしろ、わが国の裁判所は、当初は、加害企業の側に立って被害者に厳しい判決を書いてきたのである。

一九五九年一一月二日、不知火海沿岸の漁民たちは、チッソの工場排水停止を求めて、水俣市

内をデモしてチッソに申し入れる。ところが、その過程で漁民らがチッソに乱入し、大勢の漁民が逮捕され、五二人が罰金刑となり、一九六一年一月三一日熊本地裁は、三人の漁協組合長を共謀共同正犯として懲役八ヵ月の執行猶予付き判決を下す。しかしその後、時が流れ水俣病被害者たちの反撃がはじまる。

一九七九年三月二二日、熊本地裁は、チッソの社長と工場長を業務上過失致死罪で禁固二年の執行猶予判決を言い渡す。この判決は最高裁でも支持された。この刑事判決の工場長は、かつて漁民たちがチッソ水俣工場に乱入した時の交渉相手であった。

この事実に対して、一九七七年六月一四日、東京高裁判決は別の刑事事件で「漁民たちに対する刑事訴追と処罰は迅速かつ峻烈であった」と厳しく断じている。

こうして裁判所の姿勢を変えたのは、被害者・弁護団・支援者が被害の事実を高く掲げて粘り強く闘い、その勝訴判決を梃子に被害者の人権回復の仕組みを作っていたことにある。

人間の尊厳を否定する新自由主義

今、労働者の権利をないがしろにする考え方を取っているのは新自由主義である。別の文章でも書いたが、「シカゴ派」の経済理論が極めて分かりやすい。曰く、労働者保護のための規制は雇用の喪失をもたらし、もっとも弱い立場にある労働者に悪影響を及ぼす。最善の労働者保護手段は労働需要の増加・労働者の採用に関する事業主間の競争である、などである。

この考えは、労働者の保護は労働者自身でもなく、国などの行政でなく、企業に任せなさい、それが一番というのである。

かつてわが国は、労働者の権利を徹底して否定して安価な商品を造り出して国際的な紛争を巻き起こした。しかし、経済的な先進工業諸国がこうした労働者の権利を否定するわが国の仕組みを変えるよう圧力をかけて国際的な紛争をなくそうとしてきた。しかしながら、ある論文によると、一九七〇年代の経済危機の克服の課題に直面して、企業利益の回復を唱える新自由主義的な政権が台頭し、米英をはじめとする保守財界系シンクタンクの増大とこれに伴う世論操作が現在の新自由主義な世論をつくり出しているという。

先進工業国が率先してルールなき競争を仕掛けてくる以上、国という枠組みの中での労働者保護制度を無視して、対外進出を狙う企業同士の狼の争いが原則であり、その争いに勝ち抜く企業が労働者を保護するというのが、この考えの根幹にあるようである。

しかし、本当にそうなのであろうか。本当に、企業は労働者を守るのであろうか。

わが国の労働力調査などによると、一九九〇年から二〇一〇年までの二〇年間に、正規雇用は三四八八万人から三三六三万人へと一二五万人減少したのに対し、非正規雇用は期間を通して八八一万人から一七五五万人に倍増した。そして、二〇一〇年に非正規雇用率は三四・三％に達したという。

さらに、厚生労働省は、二〇一一年八月、わが国の相対的貧困率（国民一人ひとりの所得を順番に並べて中央値の半分より低いものの割合。一一年時点では年収一一二万円未満が貧困ライン）が一六％になったと発表した。一九八六年以降最悪を更新しているという。企業の内部留保が飛躍的に増大している現状と比較すると、疑問はどこまでも大きくなる。

どうやって切り開いていくか

一番大事なことは、人の作った仕組みは必ず人が変えることができるという事である。国民の多くが人としての尊厳を維持できない社会の仕組みは早晩見捨てられるであろう。しかし、それを実現するのは、当事者として人間の尊厳を否定された非正規労働者たち、被害者である。

わが国の裁判の歴史は、被害者が弁護士や支援者と固く団結して、被害の事実とこれを変革する方向を裁判所に粘り強く訴え続け、さらに世論の圧倒的多数を獲得して「力のある正義」を実現すれば、必ず社会を変えることができることを示している。

これは、熊本の地で多くの闘いの中で示されて来た事実である。確かに、今日、新自由主義は世界的に広がっている。しかし、被害者も世界的に手をつなげていけばいいのである。

今、わが国の裁判所では、パナソニックＰＤＰ最高裁判決後、これに盲目的に従う下級審裁判もあるが、同時に、偽装請負を不法行為として損害賠償の対象とする裁判所が出てきている。さらに、企業の中にも和解手続きの中でこれを認めるところも出てきている。

闘いは、まさに今、ここから始まっているのである。

二〇一一年一〇月二一日、東京のお台場で自由法曹団創立九〇周年のシンポジウムが行われた。その中で、松下PDP高裁判決を闘い取った村田浩治弁護士が、あきらめないで頑張るという事の原動力をどう生み出すのかがこれからの流れを変える課題と発言し、さらにこれは権利侵害だという環境を創りだして行くのは権利を意識してそこをめざして運動を続けてきた私たちだ、と締めくくった。

私は、公害・水俣病の闘いを通じて、絶対に譲れない権利であるからこそ私たちは負けない、なぜなら勝つまで闘うからだと言い続けて来た。この非正規雇用分野で、今、労働者、支援、弁護士たちにまさにそれが求められている。

たたかいこそルールをつくる力

前参議院議員（日本共産党）・弁護士　仁比　聡平

二〇〇八年九月にリーマン・ショックといわれる世界的な金融危機、経済危機が始まる以前から、私は、大阪のパナソニックプラズマディスプレイ、徳島県の光洋シーリングテクノや日亜化学で、偽装請負を告発した青年たちとともにたたかってきましたが、「派遣切り」「非正規切り」

の嵐のなかで、労働者・青年たちの現場からの実態告発がもつ力の大きさに、何度も目を開かれる思いをしてきました。

当時、構造改革派が、「かわいそうだが、派遣なら仕方がない」とか、「登録型派遣だから切られても文句はいえない」「期限付き雇用なら失業に備えて貯金しておくのが自己責任だ」などという俗論を振りまいていたことを思い出します。それを跳ね返したのは「誰も同じ目にあわせたくない」という現場からの実態告発の力でした。名だたる大企業が、本来直接雇用すべき労働者を安上がりに使い捨てるために、ひどい派遣法さえ踏み破ってきた違法が次々に明らかにされ、非正規切りは「現行法に照らしても違法」というたたかいの武器がかちとられて行ったのです。

偽装請負、専門業務の偽装、偽装クーリングなど、許しがたい派遣法違反の手口を告発し、直接雇用・正社員化を求める労働者の告発は、労働局への申告だけで、〇八年末以降三二二人、八九事業所にのぼり（〇九年一〇月末時点）、いくつもの職場で直接雇用、正社員化がかちとられました。

ところが、自らの違法が明らかとなり労働局から是正指導・直接雇用の推奨を受けながら、これに従おうとしない大企業も相次ぎました。

違法行為を行ってきた名だたる大企業の「切り得」を許していいはずがありません。

経済危機は世界中を襲いましたが、日本の派遣切りは異常極まるものです。リーマン・ショックでフランスのルノーが大量解雇を計画したとき、フランスの大統領や雇用大臣は、工場にのりこんでこれをやめさせました。同じ資本主義でもヨーロッパ諸国ではそれが当り前なのです。

しかし、当時の自民党・公明党政権は、最後まで「個別企業についてはいえない」という態度からぬけ出そうとしませんでした。ひどい派遣法でも、是正指導に従わない企業に対しては政府が「期限の定めのない雇用」をせよと勧告できる制度があり、それでも従わないなら企業名を公表することになっていますが、実際には、発動しようとしないのです。

二〇〇九年九月の総選挙で自民党政治に決定的な退場の審判が下されました。しかし、こうした事態は政権まかせでは変わらないことが、民主党への政権交代から日を置かないうちから明らかになりました。

労働者派遣法の抜本改正の問題もそうです。

政権交代からすぐ、民主党政権はこの問題を労働政策審議会に諮問しましたが、その審議会は、使用者委員に日本経団連のメンバー、公益委員に小泉内閣の時代に厚生労働事務次官をやっていたような人も入り、「もし派遣法を抜本改正したら、派遣で働く『職業選択の自由』を侵す憲法違反だ」などと公言するなど、財界の抵抗と逆流の場となりました。低労働条件の働かせ方を選択の余地なく強いられることを私たちの憲法は「自由」とは言いません。彼らがいうのは、結局「使い捨ての自由」でした。

鳩山総理への初質問――「積極的に動いてみたい」

新政権をとりまくこうした状況をふまえて、私は新政権への質問を準備するにあたって、労働局から違法派遣を認定され是正指導、直接雇用の推奨を受けながら、これに従わない大企業の社会的責任を果たさせる政治の責任をただそうと考えました。

二〇〇九年一一月一〇日、参議院予算委員会で、私は鳩山総理に、「労働者の声を正面から受けとめ、個別企業に対してみずからのりだして真剣にものをいい、派遣法の抜本改正を急ぐとともに、現行法でもあらゆる手立てを尽くして大企業の社会的責任を果たさせよ」と迫りました。

熊本県錦町のNECセミコンダクターズで、他の工場では正社員によって行われている構内物流の業務を、錦工場では四重の請負というひどい偽装請負をさせ、是正指導に再指導までされたのに、NECが「偽装請負と思ってやってきたわけじゃない」と開き直って直接雇用を拒んでいることを告発しました。

鳩山総理は、「派遣法違反を行っていながらその是正指導に従わない企業に対しては、当然のことだが労働局が速やかに是正指導を行う。さらにそれでも従わない派遣先企業に関しては、勧告や企業名の公表なども含めて厳正に指導を実施する必要がある」「仁比委員の思いを受けとめながら、このようなことが決して今後続かないような形になるように積極的に私としても動いてみたい」と答弁しました。

長妻大臣は「厳正にこの手続きに則って、全国の派遣先が遵守しているのかどうか、是正指導の手続きがきちんとなされているのかどうか点検していきたい」と答弁しました。

全国青年大集会 2010 にて、共産党志位委員長と握手する柴田君（2010 年 5 月 16 日、東京・明治公園）。

これは前の政権ではなかった答弁でした。私は、その具体的実行を強く求めてきましたが、民主党政権がその答弁さえ裏切り、派遣法改正の骨抜き、有期雇用法制の骨抜きに走っていることは許しがたいことです。

「みんなの力で変えてきたんだ」

質問の翌日、ＮＥＣから「日経新聞と赤旗を見た。協議させてもらいたい」と労働組合の熊本労連に電話が入りました。

質問を傍聴した原告団の柴田君は、「聞きながら三月に熊本労働局に申告してからの思いで胸がいっぱいになって涙が出そうになった。みんなの力で変えてきたんですよね」と目を真っ赤にしていました。そして二〇〇九年一二月、大分で開かれた全労連九州ブロックの非正規交流集会で、その「思い」を明かしてくれたのです。

非正規切りを通告されたとき、彼は「二九歳。もう十分生きた」と自分にいいきかせたというのです。それでも熊本県労連にたどりつき、相談のなかで自分たちの長年の働かされ方がじつは偽装請負という違法だったということを初めて知り、「このたたかいが決着するまで生きよう。そのときに生きるか死ぬか考えよう」と胸に決めて労働局に申告したというのです。

先立つ二〇〇九年四月、人吉市の集会で柴田君に初めて会ったときには、私はそこまで気がつきませんでした。やっと労働局の是正指導がでたのはお盆明けで、それでもＮＥＣは従いません。失業給付も切れます。九月に会ったとき、ずいぶん落ち込んでいるように見えました。どれだけ眠れない夜をすごしてきたことか──柴田君の発言を聞きながら、私は胸が熱くなりました。

けれど彼は、「絶対に勝利して、同じような労働者を助けていくような側に回りたい。もう僕は絶対にあきらめません。団結して頑張りましょう」とその集会で訴えたのです。

言葉を取り戻す青年たち

派遣切りがはじまったとき、青年たちの「僕も生きていきたいんです」「働き続けたいんです」というひと言には、体をふりしぼるような万言の重みが込められていました。

連帯をとり戻したとき、青年たちはどんどん変わっていきます。バラバラにされて自己責任論にしばられていたのが、みんなといろいろ語り合い、労働組合をつくって、会社と団体交渉でたたかうなかで、本来もっている人間性、言葉をとり戻していく姿に、私はなんども感動させられてきました。

〇八年末、大分キヤノンの青年たちとの懇談で、「組合をつくって初めて人間扱いされた」という言葉にはっとしました。給料天引きで買わされた作業着を「おいていけ」といわれ、悔しくて抗議してもだめだったのが、組合をつくって要求したら「『どうぞどうぞ』と一変したんですよ」「これですよ、これ」と着てきたユニフォームを指さしてくれるのです。

彼らは「組合をつくったら交渉力が全く違う」といいました。実際、はじめての団交で年越し資金や寮での居住など、ささやかだが大きな一歩をかちとって翌朝キヤノンの門前でビラをまいたら、飛ぶようにビラが取られ、連合からも問い合わせの電話がかかってきたというのです。

ひとりひとりの青年が、生きづらさと自己責任論からぬけだしていく上でも、現場のたたかいは大きな力をもっています。まさに「労働者に必要なのは競争ではなく団結」です。

「もう僕は絶対にあきらめません」――柴田君のこの言葉に象徴される、原告団・労働者の要求と闘いを、正面から受けとめる国会に変えるために、私も力を尽くしたいと思います。

ＮＥＣ重層偽装請負訴訟は問いかける

熊本県労連議長　楳本　光男

「Labor is not a commodity」＝「労働は商品ではない」。ＩＬＯフィラデルフィア宣言の、この言葉のもつ意味は極めて重要です。しかし、大企業に働く非正規労働者たち、危険業務に当たる原発労働者たち……。いま、わが国の労働者の現実は、労働者が「モノ」として扱われているとしか言いようがありません。

憲法は第二七条で、「すべて国民は、勤労の権利を有し、義務を負ふ。賃金・就労時間、休息その他の勤労条件に関する基準は、法律でこれを定める」と規定し、労働基準法でその具体化をしています。労働基準法は第六条で、「何人も、法律に基づいて許される場合の外、業として他人の就業に介入して利益を得てはならない」としています。さらに職業安定法第四四条では、「何人も、次条（労働組合等が厚生労働大臣の許可を受けた無料の労働者供給事業）に規定する場合を除くほか、労働者供給事業を行い、又はその労働者供給事業を行う者から供給される労働者を自らの指揮命令の下に労働させてはならない」と規定されています。

ここで法律論を展開するつもりはありません。しかし、わたしたち労働者は、使用者に労働力を提供して賃金を得ること以外に、生命を維持し、生活を守っていく術を持っていません。すなわち、労働者にとって、「働く」ということは、「いのち」と直結する問題なのです。そして、本来は「人格」や「誇り」「生きがい」という、人間の尊厳そのものを、表現するものでなければならないはずです。

戦後労働法はその意味を深くとらえ、労働者保護法として、大きく機能してきました。しかし労働者派遣法成立後、そして一九九五年の「新時代の日本的経営」によって、この「派遣法」を利用する形で、「働く」ことの意味を軽視する規制緩和が、構造改革という名で、労働者の存在そのものを危うくし、今日の状況を作り出しています。資本の要求するがままに、新自由主義という思想のもとで政治を動かしてきた政治家たちの罪こそ、厳しく裁かれなければならないと強く思います。

二〇一一年の東日本大震災によって引き起こされた福島原発事故は、原発そのものの危険性や放射能汚染の恐怖を広く国民に知らしめると同時に、「原発労働」の重大な問題を表舞台に登場させせました。従来より電力会社は危険業務を外部委託や派遣労働者に押しやってきた体質が指摘されていました。そして、原発内ではさらに「闇の社会」の力までが入り込み、七次八次下請が当たり前という状況が、今回の事故によって露わになりました。緘口令が敷かれているという話もあり、原発に働く労働者の実態・健康問題は、その本当の真実までは明らかにされていません。しかし、事故の状況が深刻さを増すばかりの中、廃炉への方針の決まった福島原発の事故への対応作業は、本来専門技術と専門知識が必要であるはずの作業ですが、現実には全国からかき集められた非正規の「勇者」たちによって支えられていることも、この間伝えられてきました。その実態は、本書第Ⅲ部で扱うシンポジウムの週刊東洋経済・風間直樹記者の話によって明らかにされています。

福島に限らず、原発内での労働は、重層構造の中で、労働者の健康問題を犠牲にしながら、支えられてきたことはまちがいなさそうです。同時に、本来専門的知識を必要とする原発内労働が、外部に無責任に委託することによって、その安全性を犠牲にしてきたこともまちがいのないことのようです。

大企業はなぜ、間接労働に手を染めるのか。しかも何層も間に会社を入れ込んでまで間接的に労働者を雇わなければならなかったのでしょう。NEC重層偽装請負訴訟を進めていく中で見えてきたことですが、元請であるNECセミコンは、この偽装をすることによって、けっして人件費を大幅に節約できていたわけではありません。委託先のNECロジスティクスには、正社員に支払う人件費と同額程度の委託費を払っていたはずです。まあ、雇用保険などの保険料の負担がない分は人件費節約になるでしょうし、委託費に消費税もかけて支払っていたでしょうから、その分は仕入れ控除として節税はできていたはずですから、確かにコスト的にもセミコンにとっては利点があったのかもしれませんが……。

その次にくるＮＥＣロジスティクスから日本通運への委託は、完全に実態のない一〇％のピンハネのための委託でした。そのことを証人尋問の中で、しかも裁判官の質問の中で、日通の証人は具体的に一〇％という数字を言い切って証言してしまっていました。ド素人でも労基法六条違反だと分かることを、法廷で高らかに宣言したようなものです。地元人吉の運送業者に原告たちは雇われていましたが、彼らの手元に渡っていた賃金は月に一六万円程度。地元ではこれでも結構いい賃金ということを原告は証言していますので、田舎の賃金水準に悪乗りした大企業のシステムでもあったと言えるかもしれません。しかし、元請から最初にＮＥＣロジスティクスに支払われていた委託費は、ＮＥＣセミコンの正社員と同額程度だとすると、原告たちに渡った十六万円の倍以上、少なくとも三十数万円は支払われていたはずです。重層構造の下層にくる会社は、ピンハネ分の取り分があるので、それはおいしい話でしょう。

しかし、ＮＥＣセミコンがなぜそういう「偽装」までして、他から持ってきた人を働かせる必要があったのか。セミコンに直接聞けるわけもなく、聞いても答えないでしょうから、事実から推測するしかないのですが、それは、会社の業績や景気の変動によって、一番融通のきかない大きなコストとなる人件費について、委託を打ち切ることによって、労基法違反も整理解雇の四要件も気にすることなく、事実上の解雇が、合法的に簡単にできるからではないでしょうか。貪欲に利益のみを求める資本主義の下では、ある意味必然のシステムだったのかもしれません。

今回のNEC重層偽装請負訴訟の被告のひとりであるNECロジスティクス。この「ロジスティクス」とはもともと戦争用語で「兵站」を意味します。戦争における前線部隊を支えるための移動など、後方支援をすることを意味します。経済用語としては、生産から消費に至る物流、「もの」の流れと保管・サービス、および関連する情報を計画・実施・コントロールする過程をいいます。大きな本屋さんにいくと、「ロジスティクス」というコーナーまであるので驚かされます。今、製造大企業はどこも、物流コストを限りなく抑え込むために、一つの研究対象となる分野まで確立して、この「ロジスティクス」を取り入れています。コスト削減のための組織ですから、当然人件費は、限りなく抑えなければ、こうした組織を起こすことの意味がなくなります。正社員は限りなく少なくして、外部委託や派遣・請負に作業させる。こうした物流コスト削減という側面からも、労働者が犠牲になり、「モノ」のように扱われているのが実態です。

NEC重層偽装請負訴訟は、こうした「事実」を真正面から社会に、そして司法に問う裁判です。今回のこの「本」では、諸悪の根源ともいえる「労働者派遣法」を斬ることを目的にしたシンポジウムと、原発事故によって明らかになった「重層的な偽装請負」を斬ることを目的にしたシンポジウムを、第Ⅱ部、第Ⅲ部で取り上げています。

4　ＮＥＣ重層偽装請負訴訟の論点

ＮＥＣ重層偽装請負訴訟の概要

弁護士（ＮＥＣセミコン重症偽装請負訴訟弁護団）　中島　潤史

事案の概要

ＮＥＣ重層偽装請負訴訟の三名の原告は、有限会社人吉急便との間で形式上の労働契約を締結し、ＮＥＣセミコンダクターズ九州・山口株式会社（ＮＥＣセミコン）の熊本錦工場内で、構内物流業務に従事していた。

熊本錦工場では、ＮＥＣロジスティクス株式会社（ＮＥＣロジ）の従業員も原告らと同様の業務を行っており、原告らはＮＥＣロジの従業員と一緒に業務を行うこともあった。

工場内で原告らに業務の指揮命令をしていたのは、人吉急便ではなく、ＮＥＣセミコンやＮＥＣロジの従業員であった。

そうしたところ、原告らは、人吉急便から「配送業務の縮小を図るようにと、日本電気（ＮＥＣ）より通達がありました。」との理由が書かれた解雇予告通知を受け、解雇された。

そこで、二〇一〇年四月六日、原告らは、この解雇は違法であり、原告らの労働契約はＮＥＣセミコンやＮＥＣロジとの間で成立していたとして、両社に対して従業員としての地位確認等を求めるとともに、後で述べるとおり原告らの給与を中間搾取したとして、日本通運株式会社に対しても損害賠償等を求めて、熊本地裁に提訴した。

【請求の内容】

〈ＮＥＣセミコン及びＮＥＣロジに対して〉

① 労働契約上の権利を有する地位にあることの確認

② 違法解雇後の未払賃金の請求

③ 違法解雇についての慰謝料の請求

〈日本通運に対して〉

① 中間搾取についての損害賠償等の請求

② 違法解雇についての慰謝料の請求

重層偽装請負

原告らは、人吉急便に雇われていたはずなのに、なぜNECセミコンの工場内で働いていたのだろうか。それは工場内の物流業務について「業務委託契約」という仕組みが取られていたからである。業務委託契約というのは、簡単に言えば、特定の事務処理を他人に任せて、それに報酬を支払う契約のことである。仕事の完成を目的とする場合は請負契約と呼ばれ、本件の業務委託契約の本質は請負契約であった。

NECセミコンは、半導体等を製造する会社であり、熊本錦工場内で部品の運搬等を行う仕事をNECロジに業務委託をしていた。そして、NECロジは、その業務を日本通運に再委託し、日本通運も、その業務を人吉急便に再々委託していた。

こうして、熊本錦工場における構内物流業務については、NECセミコン↓NECロジ↓日本通運↓人吉急便という形で、下請け、孫請け、ひ孫請けが行われて、多重の業務委託契約が締結されていたのである。

そして、工場内で原告らに業務の指揮命令をしていたのは、人吉急便ではなく、NECセミコンやNECロジであり、原告らは、実質的にはNECセミコンやNECロジの従業員として働いていた。

このように、業務委託契約あるいは請負契約という形式を取りながら、その実態は労働者を委託者の管理下に置いて、その指揮命令の下に労働させる行為を偽装請負という。本件では、それ

図　NECの重層偽装請負の実態

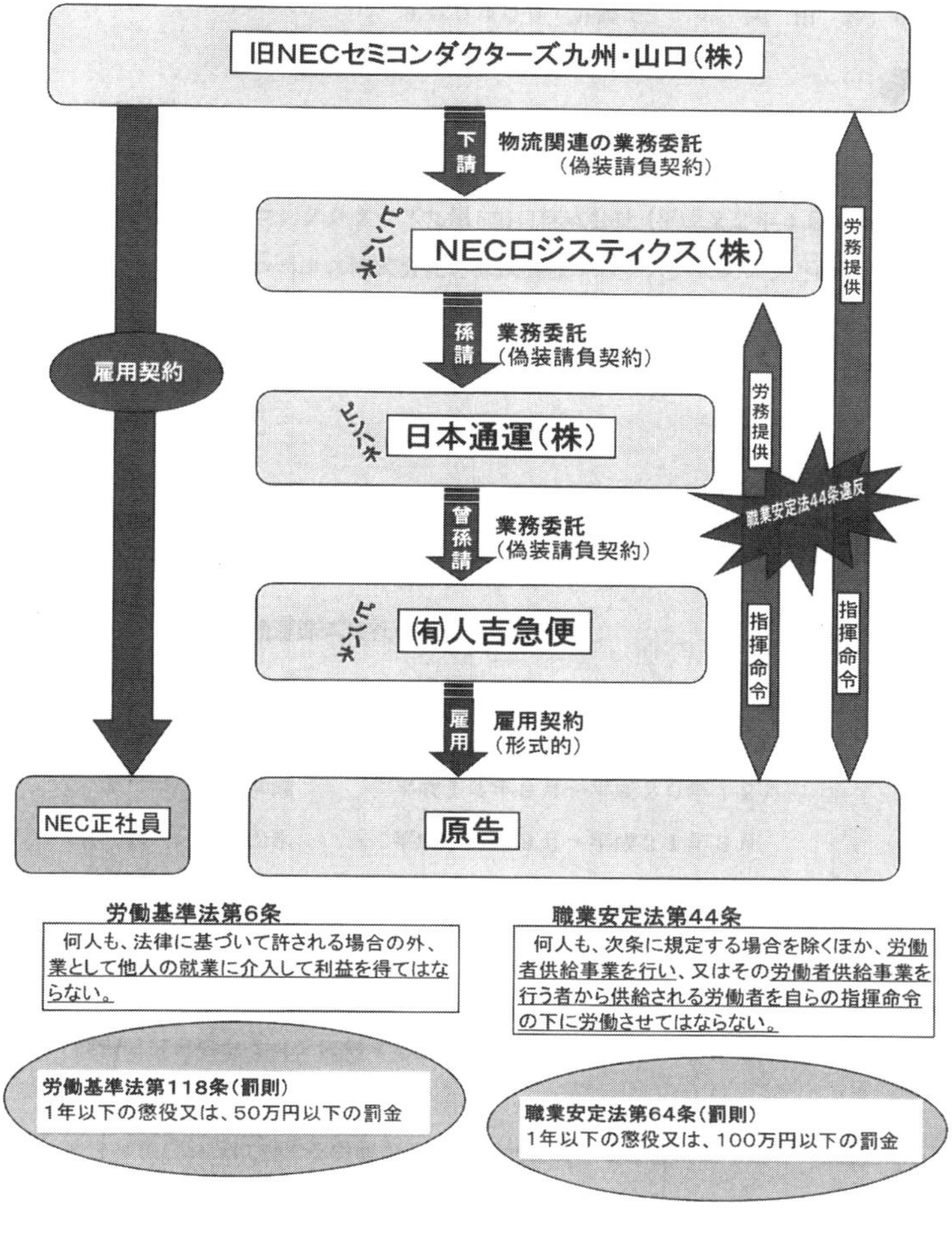

旧NECセミコンダクターズ九州・山口（株）
下請
物流関連の業務委託
（偽装請負契約）
ピンハネ
NECロジスティクス（株）
孫請
業務委託
（偽装請負契約）
ピンハネ
日本通運（株）
曾孫請
業務委託
（偽装請負契約）
ピンハネ
㈲人吉急便
雇用
雇用契約
（形式的）
雇用契約
NEC正社員
原告
労務提供
労務提供
職業安定法44条違反
指揮命令
指揮命令
労働基準法第6条
何人も、法律に基づいて許される場合の外、業として他人の就業に介入して利益を得てはならない。
職業安定法第44条
何人も、次条に規定する場合を除くほか、労働者供給事業を行い、又はその労働者供給事業を行う者から供給される労働者を自らの指揮命令の下に労働させてはならない。
労働基準法第118条（罰則）
1年以下の懲役又は、50万円以下の罰金
職業安定法第64条（罰則）
1年以下の懲役又は、100万円以下の罰金が多重の業務委託契約によって行われていたことから、「重層偽装請負」ということができる。

主たる争点

本件訴訟の主たる争点は、次の三点である。

①原告らと人吉急便との間の労働契約は、職安法四四条（労働者供給の禁止）違反であり、無効であるか。
②原告らとNECセミコン又はNECロジとの間で、黙示の労働契約が成立しているか。
③日本通運に、労基法六条（中間搾取の排除）違反による利得が認められるか。

(1)　原告らと人吉急便との間の労働契約の無効

職業安定法四四条は、何人も、労働者供給事業を行い、又はその労働者供給事業を行う者から供給される労働者を自らの指揮命令の下に労働させてはならないと規定し、労働者供給事業の禁止を定めている。

ここで禁止されている労働者供給とは、供給契約に基づいて労働者を他人の指揮命令を受けて労働に従事させることをいう（ただし、労働者派遣に該当するものは含まない）。

原告らは、人吉急便との間で労働契約を締結していたが、実際には人吉急便は原告らに指揮命令をしておらず、労働契約の本質を欠く形式的なものであった。

原告らは、人吉急便からNECセミコンに至る多重の業務委託契約に基づく形で、NECセミコンの熊本錦工場に送り込まれたが、その現場では、NECセミコンやNECロジの指揮命令の下に働いていた。

こうしてNECセミコンとNECロジは、人吉急便から日本通運を介して受け入れた原告らを自ら指揮命令して労務の提供を受けていたのである（NECロジについては、原告らをNECセミコンに労働者として供給していた側面もある）。

これは、職業安定法四四条が禁止する労働者供給に該当する。

そして、このような労働者供給は、公序良俗（民法九〇条）に違反するものであり、原告らと人吉急便との間の労働契約は無効なものなのである。

これに対して、被告らは、松下PDP最高裁判決に基づいて、原告らの主張は「違法な労働者派遣」の主張であるから、原告らと人吉急便との雇用契約関係は無効になるものではないと反論している。

しかし、本件は、労働者供給を行った日本通運と原告らとの間に労働契約が存在しないという重層偽装請負である点において、松下PDP最高裁判決とは事案が異なるのであり、同判決の射程外というべきである。

(2) 黙示の労働契約の成立

労働契約は、当事者間の明示の合意によって締結されるばかりでなく、黙示の合意によっても成立しうることは、多くの裁判例で認められている。

近時の高裁判例では、①当該労務供給形態の具体的実態により、当事者間に事実上の使用従属関係等（指揮命令関係、労務提供関係、賃金支払関係）が認められること、②その関係から、当事者間に客観的に推認される黙示の意思の合致があること、を基準に判断されている。

本件では、特に、原告らとNECセミコン及びNECロジとの間に指揮命令関係があったか否かが争点となった。

NECセミコンとNECロジは、構内物流業務についてはは業務委託をしていたので、原告らが工場内で働いていたことすら知らないとし、原告らへの指揮命令の事実を否定した。すなわち、被告らは、業務委託にあたって、委託先に「仕様書」という作業の流れや具体的な処理手順が詳細に記載された冊子を渡して、それに基づいて業務処理をさせていたので、委託先の従業員に直接指揮命令はしていないし、する必要もなかったというのである。

しかしながら、原告らへの指揮命令は、人吉急便や日本通運が行っていなかったことは明白である。さらにNECセミコンやNECロジも行っていないとすれば、原告らはいったい誰の指揮命令で働いていたというのであろうか。労働者が、誰からの指揮命令もなく働くことはありえないのである。

被告らのいう「仕様書」は業務指示の文書であり、NECロジの従業員もこれに従って仕事をしていた。これは文書自体が指揮命令そのものだというべきである。

しかも、「仕様書」では、ＮＥＣセミコンからの個別の指示を受けなければ仕事ができない仕組みになっている部分が多数あり、実際に、原告らは、ＮＥＣセミコンやＮＥＣロジの従業員から、電話やメール、口頭で、個別に指示を受けていた。

その他、原告らの労働実態は、ＮＥＣロジの従業員と変わらないものであった。

【原告らの労働実態の概要】

① 原告らは「人吉急便」と労働契約を締結したが、採用面接には「ＮＥＣロジ」及び「日本通運」の関与があった。

② 原告らは、ＮＥＣセミコン熊本錦工場において就労したが、業務に関する直接の指揮命令は、「ＮＥＣセミコン」及び「ＮＥＣロジ」の従業員からなされていた。「人吉急便」の指揮命令者は工場内に存在しなかった。

③ 原告らが就労していた物流部門では、「ＮＥＣロジ」の従業員と「人吉急便」の従業員は同じ制服を着用し、混在して働いていた。

④ 原告らの勤務体制は、「ＮＥＣセミコン」の年間カレンダーによって決定され、休暇届けは「ＮＥＣロジ」に提出していた。

⑤ その他、就労の実態は、「ＮＥＣロジ」の従業員と全く変わらない状況であった。

⑥「日本通運」は、工場内に従業員を置かず、「ＮＥＣロジ」と「人吉急便」の間に契約上介在しているだけの存在であった。

⑦ 原告らは、「ＮＥＣセミコン」の生産縮小方針に基づいて解雇された。

そして、熊本労働局も、ＮＥＣセミコンやＮＥＣロジによる原告らに対する指揮命令の事実を認定し、両社に対し是正指導を行った。

以上の事実関係からすれば、ＮＥＣセミコン及びＮＥＣロジには、原告らの使用者としての実態があることが明らかである。その実態を重視して、原告らとＮＥＣセミコン及びＮＥＣロジとの間には、黙示の労働契約が成立しているというべきである。

(3) 中間搾取

労働基準法六条は、「何人も、法律に基いて許される場合の外、業として他人の就業に介入して利益を得てはならない。」と規定し、中間搾取の禁止を定めている。

本件では、日本通運が、「他人の就業に介入」したといえるかどうかが争点となった。

日本通運は、構内物流業務を人吉急便に業務委託していたとして、日本通運と原告らとの間には接点がなく、原告らの就業に介入したことはないと主張した。

しかしながら、日本通運は、業務委託の名目で、自ら雇用関係のない原告らを、ＮＥＣセミコン及びＮＥＣロジの指揮命令で労働に従事させており、これが職安法四四条の禁止する労働者供給に該当することは明らかである。熊本労働局も、日本通運が職安法四四条に違反していることを認定している。

職安法四四条違反による労働者供給は、まさに他人の労働関係に違法に介入する行為に他ならない。職安法四四条に違反するが、労基法六条には違反しないという事態は、およそ無償での労働者供給でもない限り想定できない。

日本通運は、物流業界での強い支配力・影響力を背景として、自己の支配下にある原告らを含む人吉急便の従業員を、ＮＥＣセミコン及びＮＥＣロジに供給し、その対価として報酬を得たうえで、原告らを熊本錦工場で就労させたのである。

したがって、日本通運の認識にかかわらず、日本通運から人吉急便への業務委託契約は「他人の就業に介入」した行為に該当するというべきである。

審理の経過

二〇一〇年四月六日に提訴した本件訴訟は、その後の数回にわたる主張整理を経て、二〇一二年二月一〇日にＮＥＣセミコン側証人一名、ＮＥＣロジ側証人一名の証人尋問、同年三月一六日に日本通運側証人二名の証人尋問、同年四月二〇日に原告三名の原告本人尋問を実施した。

そして、同年七月二七日の口頭弁論で、結審を迎える予定である。裁判所には、原告らの労働実態を踏まえた判断がなされることを期待したい。

ＮＥＣセミコンの指揮命令は明らか——裁判記録から——

門倉　千尋

ＮＥＣ重層偽装請負事件とは如何なるものか。準備書面、意見陳述、証人尋問などの裁判記録を通して明らかになったことを記します（この裁判の争点となっている原告の就業実態と指揮命令の有無について、裁判所に提出された訴状と被告側の答弁書を抜き出して対応表を作成してみましたので、文末をご覧ください）。

重層偽装請負の本質——雇用者責任を逃れる構造——

ＮＥＣセミコン熊本錦工場の構内物流業務は、ＮＥＣセミコンからＮＥＣロジに委託され、それをＮＥＣロジから日通に、日通から人吉急便に降ろされ、人吉急便の労働者がＮＥＣセミコンとＮＥＣロジの指揮命令を受けて錦工場内で働いていました。偽装請負に関わった三つの企業（ＮＥＣセミコン、ＮＥＣロジ、日通）は、ＮＥＣセミコン熊本錦工場で働いていた原告ら請負先の労働者をどう認識していたのでしょうか。

人吉急便と請負契約を結び、原告ら人吉急便の労働者をＮＥＣロジに送り込んだ日通は、ＮＥ

Cセミコン熊本錦工場での原告らの就業実態について「不知」と答弁しています（「不知」とは、「相手側の主張を知らない」という法律用語）。日通は、NECロジと業務委託契約を交わして構内物流業務を請け負っていながら、工場内には日通の従業員は誰もいませんでした（日通側証人）。またNECロジは、日通に仕様書を交付して業務を処理させていたと言っていますが、日通側証人は、工場内の物流業務の詳しい中身については「分かりません」と証言しています。つまり、日通はNECロジから請け負った業務を、自社の従業員は一人も使わず、人吉急便に丸投げしていたことを認めたわけです。

原告らが工場で働いていたことを問われたNECセミコンの証人（生産管理チーム主任）は、「NECロジの方ではないという認識はありました。ただどこの方だというのは特に考えたことはないです」と答え、同じくNECロジの証人（営業所長）は、日通の社員という認識だったが半年ぐらいたってから「あれっ」と思ったと答えています（営業所長は二〇〇七年一〇月に就任しているので、二〇〇八年四月頃のこと）。

熊本錦工場のNECセミコンは、「人吉急便の社員がオペレーションターミナル内にいることすら知らなかった」と答弁書に書いています。まったくひどい話ですが、NECセミコンから提出された書証を見ると委託業務に関する契約担当部署は、「購買部」あるいは「資材調達部」であることから、機械とかモノとしかみていなかったのでしょうか。

NECセミコンとNECロジ、NECロジと日通、日通と人吉急便、それぞれの業務請負契約書には、再委託禁止条項があって、「再委託させる場合は、(発注者の)承認を受けること」と書かれています。しかし、NECロジが日通に再委託していても、日通が人吉急便に再委託していても、発注元に承認を求めた事実はないというのです。

再委託禁止条項は、委託した業務を適正に履行させ、品質の確保を担保するために設けられているもので、もし発注元が官庁ならこうした下請けへの丸投げは許されず、違反が発覚したら出入り禁止ものです。偽装請負に関わった三者は、なぜ法令遵守という企業倫理を破り、再委託を重ね、七年間も黙認しつづけていたのか(日通の証人(熊本支店次長)は、NECロジから構内物流業務を委託されるようになったのは二〇〇二年頃からと証言しており、職安法違反を問われ撤退した二〇〇九年五月までの七年間黙認したことになる)。

それは、再委託を文書に残さず黙認し続けた方が都合が良かったのです。再委託は、労働者派遣事業では二重派遣として違法性の高いものになるため、あえて知らない振りをしたのではないのか。シラを切れば、重層偽装請負を言い逃れできると思ったのでしょうか。

労働者だけ送り込めば、現場では発注者側が直接指揮命令するから、品質確保は担保できる。送り込む側は、指揮監督の仕事が省けて助かるということでしょう。

また、発注者にとっては、労働者との雇用契約ではなく業者との請負契約だから、契約の解除だけで労働者の数を減らすことができ、面倒な整理解雇の四要件に縛られる必要がないのです。

日通の証人尋問では、自社の職員が工場にいないのに、再委託の際に一〇%の収入(ピンハネ）があったことを認めています。また、日通は熊本労働局から偽装請負の立入調査を受け、是正指導を受ける前の二〇〇九年五月には早々に構内物流業務から撤退していますが、証人尋問でその理由を問われて、「適法にするにはコストもかかるというところでの経営判断だと思います」と証言しています。

つまり、正式に再委託の申請・承認の手続きをとり責任者を配置すれば、コストがかかり採算が取れなくなるのです。偽装請負は、自社の従業員に業務を行わせると採算がとれないので、下請けに丸投げして安い労賃で働かせ頭をハネる、企業の飽くなき利潤追求の手法だったのです。

これらの事実は、まさしく職業安定法四四条で禁止する労働者供給事業と、労働基準法第六条で禁止する中間搾取に当たるのではないでしょうか。請負契約の再委託禁止を破ったところで、罪には問われませんが、労働者をモノのように転がしピンハネすると、職業安定法違反、労働基準法違反となり、悪質な場合は懲役刑や罰金刑などの罰則が適用され犯罪になるのです。

もし、原告ら三人の労働者が、偽装請負の実態を告発しなければ、こうした違法行為はヤミに隠されたままになっていたでしょう。

構内物流業務は指揮命令なしでは成り立たない

違法な偽装請負か適正な請負事業かを判断する根拠の一つとなるのが、発注者であるＮＥＣセミコンもしくはＮＥＣロジから下請けの労働者に指揮命令がされたかどうかです。

「労働者派遣事業と請負により行われる事業との区分に関する基準」（昭和六一年労働省告示第三七号）によれば、「業務の遂行方法に関する指示その他の管理を自ら行う」こととなっており、「適正な請負と判断されるためには、請負事業主が請け負った業務を自己の業務として契約の相手方から独立して処理することが必要であり、単に労働力を提供するものではないこと」と明確です。そもそも人吉急便の雇用主も日通の責任者も工場には存在せず、自前の機械も設備もなく、たんに労働力を提供しただけです。送り込まれた先の発注元から指揮命令を受けないと、請け負った業務を遂行することは不可能です。しかし、「NECセミコンもNECロジも指揮命令はしていない」はずなのに、構内物流業務は滞ることなく遂行されていたのです。下請けの労働者は人ではなくロボットだったのでしょうか。

NECセミコンもNECロジも、仕様書を渡して業務をさせていたので、委託従事者に指揮命令することはなかったと言っています。NECセミコン側の証人（生産管理チーム主任）は、仕様書を渡してその通り業務をやっていれば済む簡単な業務で、指揮命令の必要はないと言いました。また、請負側（NECロジ）の裁量で、これらの仕様書に反した方法で業務を遂行することはないと証言しています。

この仕様書は膨大なもので、本社NECセミコン九州・山口が発行する九MD（処置通知）、九O（作業指導票）、九OC（作業条件）、熊本錦工場が発行する熊TO（技術指示連絡票）、熊OS（作業標準書）などに分類され、構内物流業務ではオペレーションターミナルの専用キャビネットに保管されていて、製品や半製品が工場外や工場の製造ラインからオペレーションターミナルに入ってきたら、指示票に記載された記号・番号と合致する仕様書を取り出してその指示通りに作業を行う必要がありました。

これらの事実を総合すると、仕様書は指揮命令を裏付ける指示文書そのものです。

労働省発行の質疑応答集では、「発注者が作成した作業指示書を請負事業者に渡してそのとおりに作業を行わせてもいいですか」の問いに対して、「発注者が請負業務の作業工程に関して、仕事の順序・方法等の指示を行ったり、請負労働者の配置、請負労働者一人ひとりへの仕事の割付等を決定したりすることは、請負事業主が自ら業務遂行に関する指示その他の管理を行っていないので、偽装請負と判断されることになります。また、こうした指示は口頭に限らず、発注者が作業の内容、順序、方法等に関し文書等で詳細に示し、そのとおりに請負事業主が作業を行っている場合も、発注者による指示その他の管理を行わせていると判断され、偽装請負と判断されることになります」と明快に解説しています。ＮＥＣ偽装請負の場合、文書による指示は、請負事業主を通り越して直接労働者に行われているわけで、より違法性が高いと言わねばなりません。また、ＮＥＣセミコンが書証として裁判所に提出した仕様書を詳しく分析してみると、作業工程（フローチャート）で必ずＮＥＣセミコン担当者の指示を受けなければ、先に進めないものも多く含まれているのです。

「他基地工事受品投入手順」の処理フローでは、構内Ｎロジと書いてある部分が原告らの作業

図　熊本錦工場の「他基地工事受品投入手順」の処理フロー

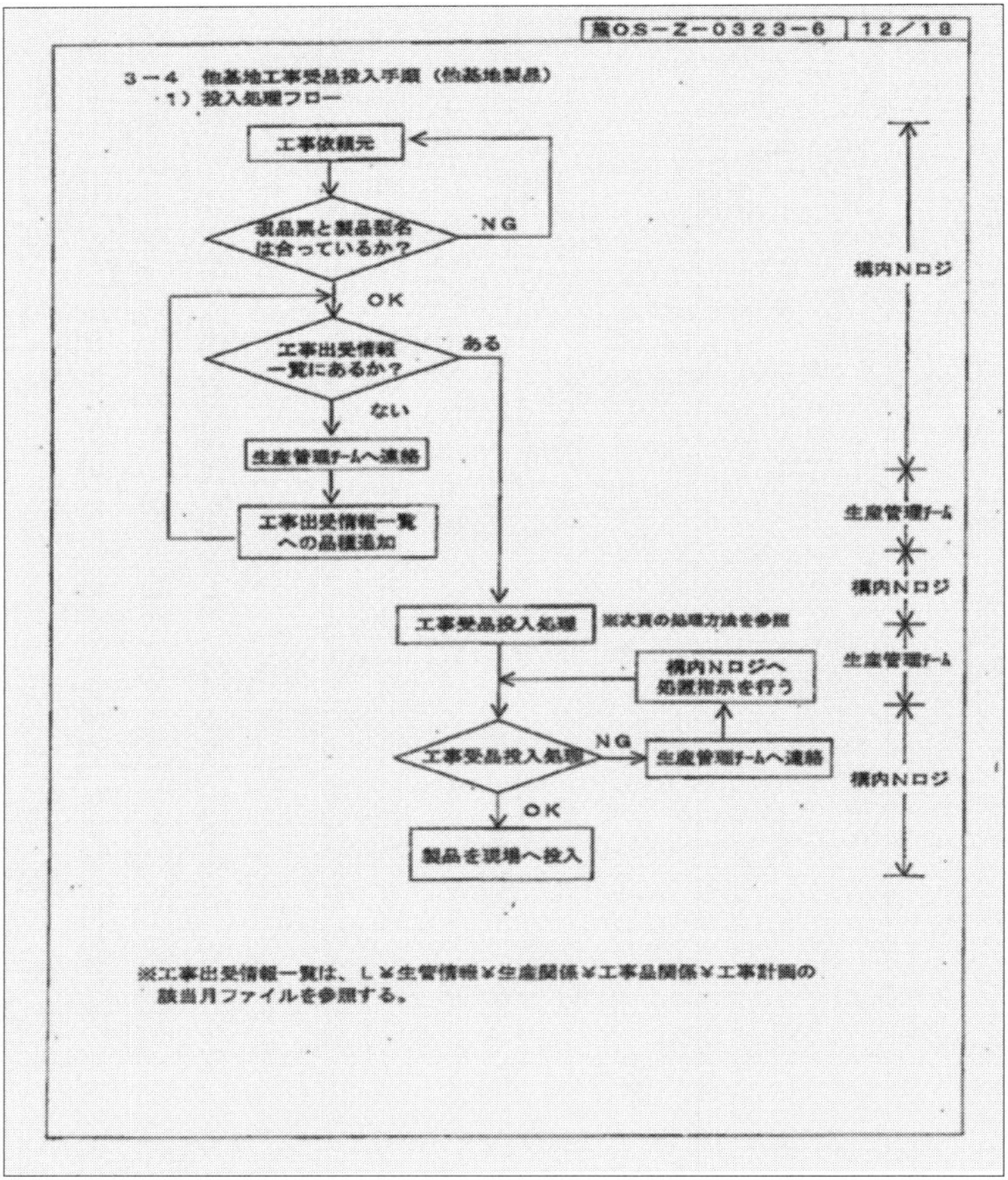
OS−Z−0323−6
12／18
3−4　他基地工事受品投入手順（他基地製品）
1）投入処理フロー
工事依頼元
現品票と製品型名は合っているか？
NG
OK
工事出受情報一覧にあるか？
ある
ない
生産管理チームへ連絡
工事出受情報一覧への品種追加
工事受品投入処理
※次頁の処理方法を参照
構内Nロジへ処置指示を行う
工事受品投入処理
NG
生産管理チームへ連絡
OK
製品を現場へ投入
構内Nロジ
生産管理チーム
構内Nロジ
生産管理チーム
構内Nロジ
※工事出受情報一覧は、L￥生管情報￥生産関係￥工事品関係￥工事計画の
該当月ファイルを参照する。

（ＮＥＣロジ社員と混在して作業していた）、生産管理チームというのが原告らに指示を与えていたＮＥＣセミコンの部分です。このように、一連の作業の流れの中に、ＮＥＣセミコンの指示を仰がなければ先に進めないことが明記されているのです。

証人尋問では、ＮＥＣセミコンの証人は、イレギュラーが発生した場合は連絡があった、「一日にして一件あるかないか」などと、件数を小さくみせ、「指示」という言葉を「連絡」と言い換えて、指揮命令を否定するのに必死でした。しかし、指示がなければ作業はストップし製造工程に支障が発生するわけで、生産管理チームからの指示は極めて重要な意味をもっていたと思われます。

原告らが行っていた構内物流業務は、ＮＥＣセミコンからの指揮命令抜きでは、絶対成り立たないものであったことは疑いの余地がありません。

しかも、原告側が提出した交代勤務者の引継簿には、いつ誰から誰に指示があったか指揮命令の実態が克明に記されています。これは、労働局が偽装請負と認定した際、決め手になったもので、動かしがたい指揮命令の事実を示すものです。

また、被告らは、違法な偽装請負を認識していたのではないかと思われるフシがあります。答弁書からその具体的内容を読み解くと、原告らは、二〇〇五年一一月まではＮＥＣロジの従業員と混成の班編制で働いていたこと。二〇〇八年一月まではＮＥＣのロゴ入りの制服を着用していたが、その後は「日通航空」のロゴ入りの制服になったこと。二〇〇八年ごろまでは、オペレーションターミナルではNECロジ、九州産交運輸、人吉急便が混成して稼動していたが、作業スペースはパーテーションなどで区切られていなかったこと。原告らがクリーンルームで着ていた白衣には「NECL—〇〇班」と書いた名札を付けていたこと。業務で押す日付と名前入りのゴム印には「NECロジスティクス」の社名が入っていたこと。このゴム印は、二〇〇八年八月頃、NECロジ主任から、順法上問題があるとして、新しく入った人吉急便の社員には与えられず、前から持っている人には使用を制限する指示がされています（二〇〇八年八月二〇日付け引継簿）。

この社名入りゴム印については、裁判長からの原告本人尋問で、原告（柳瀬強）は新しい社員には与えられなかったと証言しています。NECセミコンもNECロジも二〇〇八年秋頃からは作業現場を会社ごとにテープやボードなどで区切ったと主張していますが、その後も作業者は各区画に配置されたパソコンを入り交じって操作するなど、混在しての作業実態は何も変わっておらず、区分は見せかけだけでした。

熊本労働局が二〇〇九年八月に偽装請負と認定し、是正指導したことについても、NECセミコン側の証人（生産管理チーム主任）は、是正指導書を見たことがないとか、是正報告書も知らないと証言しました。また、是正指導があった後も業務の流れは変わっていないと証言しました。これは、下請業者に指示を出すNECセミコンの窓口の役割をもっていた生産管理チームの担当者の証言であり、労働局の指導を形だけは受け入れても偽装請負の実態は変わっていないことを示すものです。

この裁判を通じて痛感したことですが、人吉・球磨地域の雇用と経済に少なからぬ影響力を持っているNECセミコンなどは、市民社会の構成員として法令遵守を率先垂範して行うべきなのに、実態はそうなってはいません。この機会に被告三企業には、原告労働者の請求を受け入れて社会的責任を果たしてほしいと強く望むものです。企業が社会的信頼を得ることは目先の利益とは比較できない大きなが価値があるはずです。

地域社会に貢献し、人間らしく働き生きることのできる雇用環境をつくるために、とりわけ影響力の大きい大企業は率先して社会的責任を果たしてほしいと思うのです。

表　原告側訴状と被告側答弁書の比較

●就業の実態について

原告	被告・NECセミコン
①　原告らが就労した職場は、いずれも被告旧NECセミコン錦工場の製造物流部門であった（主な作業場所をオペレーションターミナル（O／T）という）。	①　不知ないし認否する。旧NECセミコンは、原告らが就労していたか否かは知らない。また旧NECセミコンがNECロジに委託した業務は物流関連業務であったが、委託業務従事者は、旧NECセミコンの製造物流部門で稼動したのではなく（そもそも製造物流部門という部門は存在しない）、NECロジに委託された物流関連業務に従事していた。物流関連業務は主にO／Tで行われていた。
②　被告旧NECセミコン錦工場内においては、製造部門と物流部門は一応区分されていたが、物流部門は、実際には、完成品等の搬出等だけでなく、被告旧NECセミコンの生産計画に対応して材料や半製品の製造部門への搬入を行う等、物流の工程は、製造のために必要な工程として組み込まれており、一体化していた。	②　認否する。物流関連業務と製作業務は明確に区分されており一体化されていない。物流関連業務を行う委託業務従事者は、搬送のための通路として製造フロアを通過することはあっても製造フロアで作業することはない。
③　同工場においては、製造物流工程は、専ら被告NECロジに業務委託されており、被告NECロジから被告日通航空、九州産交運輸へとそれぞれ業務委託がされていた。	③　熊本錦工場においては物流関連業務は専らNECロジに業務委託されていたことは認め、その余は不知。業務委託契約書第一二条で、事前の承諾を受けない再委託は禁止されており、当時再委託の申請がなかったため、再委託については正式に把握していなかった。
④　また、被告日通航空は、被告NECロジから委託を受けた業務を、更に人吉急便へと業務委託していた。	④　不知。旧NECセミコンは、人吉急便の社員がO／T内にいることすら知らなかった。
⑤　しかし、同工場内物流部門O／Tにおいては、被告NECロジの従業員、人吉急便その他同種の請負業者（以下「人吉急便等請負業者」）の被用者が混在して業務に従事していた。	⑤　NECロジの従業員、九州産交運輸の従業員がいたことは認め、その余は不知。業務の状況は把握していなかった。また、前述の如く、旧NECセミコンは人吉急便の社員についてはいることすら知らなかった。

⑥ また、O／Tには、原告らの形式上の使用者である人吉急便の指揮監督者は存在せず、被告旧NECセミコン及び被告NECロジの従業員が、人吉急便等請負業者の被用者に対して社内ネットワークシステム（以下「W／S」）、電話、口頭などの方法によって直接業務に関する指揮命令を行っており、およそ適正な請負とはいえない、偽装請負状態にあった。

---

⑥ O／Tには、原告らの形式上の使用者である人吉急便の指揮監督者は存在せずとの点は不知で、その余は否認する。旧NECセミコンがNECロジに対して業務委託するにあたっては、仕様書をNECロジに渡しており（仕様書は必要に応じて改廃）、基本的に仕様書に基づいて業務処理をさせていたもので、直接委託業務従事者に指揮命令をすることはなかった。ただ、イレギュラーな場合（突発的な荷物の到着など）について、委託業務従事者に対し、その処理についてW／Sのメールで連絡をすることがあり、また緊急性が高い場合には電話でメールを送った旨連絡していた。また、委託業務従事者から電話で質問・確認があり、これに回答することがあった。

被告・NECロジ

NECロジが、旧NECセミコンから物流関連業務を受託し、その一部を日本通運及び九州産交運輸に再委託していたこと、物流関連業務が主にO／Tで行われていたことは認め、その余は否認ないし不知。上述のとおり、日本通運においてどのような労働者が業務処理に従事しているかについて、NECロジは関知すべき立場にない。「被告NECロジの従業員が、直接業務に関する指揮命令を行っていた」との主張について、NECロジは、日本通運に対して仕様書を交付し、日本通運は仕様書に沿って業務を処理していたものであり、NECロジが、日本通運側の労働者に対して直接「指揮命令」を行うことはなかった。（但し、仕様書の内容から緊急の変更があったような場合には、W／Sのメールや電話でその旨を業務連絡することはあった。）旧NECセミコンとNECロジの関係も同様である。

被告・日通

不知。

●業務指示系統について

原告

① 上記各製造物流業務に関し、錦工場内に人吉急便の指揮監督者は存在しないため、具体的な作業指示は、被告旧NECセミコン社員である生産管理課の担当者、同社従業員である製造現場各工程のシフトリーダー、その他同社製造現場従業員、被告NECロジの従業員から、直接口頭で行われるほか、同担当者らからW／S上のメール、電話等で行われていた。

② 製造物流部門の責任者は、被告NECロジの従業員であり「主任」という地位にあったが、通常はNECセミコン工場の一〇〇メートルほど離れた所にある被告NECロジの営業所に常駐し、週に二、三度、連絡事項などがある際にO／Tを訪れる程度であった。

③ また、被告旧NECセミコンの従業員は、被告NECロジの従業員に対しても直接の指示を行っていた。

被告・NECセミコン

① 認否する。旧NECセミコンが、旧NECロジに対して業務委託するにあたっては、仕様書をNECロジに対して渡しており（仕様書は必要に応じて改廃）、基本的に仕様書に基づいて業務処理をさせていたもので、直接委託業務従事者に指揮命令をすることはなかった。ただ、イレギュラーな場合（突発的な荷物の到着など）について、委託業務従事者に対し、その処理についてW／Sのメールで連絡をすることがあり、また緊急性が高い場合には電話でメールを送った旨連絡していた。また、委託業務従事者から電話で質問・確認があり、これに回答することがあった。

② 不知。

③ 認否する。前述のごとくイレギュラー対応時の連絡、回答のみである。

被告・NECロジ

NECロジの主任（作業責任者）が、工場から一〇〇メートルほど離れたNECロジの営業所に常駐し、O／Tには週二～三回、連絡事項の伝達のために訪れる程度であったことは認め、その余は否認ないし不知。上述のとおり、日本通運はNECロジが交付する仕様書に沿って業務を処理していたものであり、NECロジが日本通運の労働者に対して直接

「指揮命令」を行うことはなかった。旧ＮＥＣセミコンとＮＥＣロジの関係も同様である。ＮＥＣロジの主任が工場に常駐せずに、連絡事項の伝達のために週に二〜三回Ｏ／Ｔを訪ねるにすぎなかったことも、ＮＥＣロジが日本通運側の労働者に対して直接指揮命令を行っていなかったことの証左である。

被告・日通
不知。

第Ⅱ部

労働者派遣法を斬る

「労働者はモノではない！」雇用のあり方を問うシンポジウム（二〇一〇年一〇月三〇日、熊本県青年会館、主催＝熊本県労連・ローカルユニオン熊本）の記録

シンポジウム主催者あいさつ

熊本県労連議長　楳本　光男

みなさんこんにちは！　今日は土曜日の貴重な午後の時間、こんなに多くのみなさんに集まっていただき、本当にありがとうございます。

今日のこのシンポジウム、「労働者はモノではない！　雇用のあり方を問うシンポジウム」と銘打っております。今日話される中心のテーマは、「労働者派遣法」です。この問題が今日、追及されることになると思っています。

県労連はこの間、働き方の問題、働かせ方の問題ということに大きな問題意識をもって、三年前に「ワーキングプア」という言葉を全国的に広げる役割を果たしたNHKスペシャルという番組の鎌田キャスターを呼んでシンポジウムを開きました。その後も、雇用のあり方を問う学習会やシンポジウムを、その都度開いてきております。

実はこの「派遣」の問題で、二〇〇九年一二月に、最高裁で悪い判決が出ています。大阪の松下プラズマディスプレイで働いていた吉岡さんが起こした偽装請負事件の裁判ですが、その最高裁判決で吉岡さんが負けてしまった。その中身というのが、まさしく今日追及されることになる派遣法の問題に絡むのです。

最高裁の前に出された大阪高裁の判決が、われわれを守る労働基準法であったり職業安定法であったり、労働安全衛生法であったりという、いわゆる戦後労働法、われわれを守る労働法の上に立った判決であったのに対して、最高裁は、「派遣法」の上に乗っかってしまう判決を出してしまったのです。つまり、「派遣法」という土俵の上に立って最高裁が判決を出してしまった。

この最高裁判決が出たことによって、いま全労連傘下で、六〇を超える同じような裁判が争われているわけですが、非常に大きなマイナス要因になっている。これに対抗していくために、われわれはこの熊本でのＮＥＣの闘争というものを、どう位置づけて、この最高裁判決をどう乗り越えていくのか、その意味において、今日のシンポジウムはこの問題が明確にされ、非常に元気になれるのではないかと期待をしています。

今から二五年前に労働者派遣法は成立しました。一九八五年です。その当時、国会の中で唯一この法案に反対をした政党が日本共産党です。その日本共産党の衆議院議員として、反対討論に立たれた方が、今日のパネラーのお一人、小沢和秋さんということです。私も労働者派遣法成立当時の問題はいろいろと文献などを読み、突っ込んで調べてみてもいますので、今日はその当時の生のお話が聞けるということで、本当に楽しみにしております。

それから、この労働法という問題で、憲法の二五条・二七条・二八条、つまり生存権と働く権利を守るために、労働者保護法制としての戦後労働法が存在し、ずっとわれわれを守ってきたわけですけれども、労働者派遣法が出てきたあたりから労働法の規制緩和が行われるようになってきました。この問題に対して当初より、この戦後労働法を守らなければならないという立場で、学者としてずっと主張して来られているのが、今日のパネラーのお一人、遠藤隆久熊本学園大学教授であります。われわれに対していつもアドバイスをいただいておりますけれども、今日も貴重なお話をいただけるものと思います。

それから、今日は全労連から井上久事務局次長がお見えです。みなさん、一昨年、昨年と正月に東京の日比谷公園で派遣村が開設されたのをご存知と思いますが、湯浅さんとか宇都宮弁護士は表に立って有名になっておられますけれども、実質、具体的にこの派遣村を企画し回してこられたのが、この井上さんです。全労連の中心として頑張られました。その意味で、今の雇用破壊の問題について、実際に自分も動きながら実態とともに問題提起もしてこられているということで、井上さんからも貴重なお話が聞けるものと期待をしています。

今日は、まともな働き方というのは、いったいどういうものであるのかということを、よく腹に落として帰りたいと思っています。そして、そのことがこのNEC闘争の勝利につながり、また全国の同じ立場で頑張っている仲間を励ますということにもなると思っています。

「労働者はモノではない！」雇用のあり方を問うシンポジウム

──派遣の実態と労働者派遣法の問題点──

パネラー

遠藤　隆久　熊本学園大学教授・労働法

小沢　和秋　元衆議院議員（日本共産党）

井上　久　全労連事務局次長

コーディネーター

中島　潤史　弁護士（ＮＥＣセミコン重層偽装請負訴訟弁護団）

中島　みなさん、こんにちは。私は弁護士の中島といいます。今紹介のあったＮＥＣ訴訟の弁護団にも加わっております。よろしくお願いします。今日は、四名のパネラーの方にお越しいただいて、雇用のあり方を問う、特に労働者派遣の問題について議論を深めて、どういうところに問題点があるのかということを議論していきたいと思っています。まずはじめに、今日のパネラーのみなさんからひと言ずつ自己紹介をしていただきたいと思います。まず、遠藤先生からよろし

「労働者はモノではない！」
のあり方を問うシンポジウム
熊本県労連・ローカル・ユニオン熊本

くお願いします。

遠藤　遠藤でございます。労働法の規制緩和が進んでおりまして、この規制緩和によって、私は、労働法が基本的に労働法でなくなるという意識があります。ある意味で、労働法が「ルビコン川」を渡ってしまったのではないかという思いをずっとこの間感じてきました。本日のテーマとなっております重層偽装請負というのも、そういう流れの中で、起こるべくして起こった事件で、労働法の規制緩和に関しては、近年の労働環境が非常に悪化している中で、問題であるという意識がだんだんと広がってきていますので、重層偽装請負のような事件が裁判を突破して、新しい地平を切り開くことをぜひ希望したいと思います。

小沢　みなさん、こんにちは。わたくし、元衆議院議員の小沢和秋でございます。九州・沖縄ブロック選出の議員として、みなさんに大変お世話になりましたが、今も元気に福岡で活動をしております。私はもともとは北九州にあります新日鉄八幡で労働運動をしておったんですが、議員に立てと言われて、福岡の県会議員を経て、衆議院議員をつとめさせていただきました。そういう労働運動の経験を活かしたいというので、国会でも、だいたい社会労働委員会、後に厚生労働委員会と名前が変わりましたけれども、そこを中心にして活動しました。それで、派遣法との関係でいいますと、私が二期目の当選をさせていただいた一九八五年、今から二五年前に、この派遣法の制定が行われた、その審議に私は直接参加しましたし、それから、残念ながら九九年改悪の時は落選中だったんですが、その後、二〇〇三年の改悪の時には、また現職で、その審議に参加をしました。だから、最初の制定と最後の改悪の時には、審議に参加をしておりまして、今日はそういう歴史的な事実の証人役として、もうだいぶ前のことで、うろ覚えのところも多いんですが、お話をさせていただきたいと思っております。よろしくお願いします。

井上　みなさん、こんにちは。全労連の井上といいます。出身は医労連でして、今は全労連の方に行っています。私がこの問題で非常に感じているのは、紹介の中で派遣村の話もありましたが、本当に労働者がモノ扱いにされていると、こういう社会的な不正義を、しかも製造業でいえば、トヨタやソニーをはじめ、世界に冠たる大企業がやって、その責任を問われずにいるということについて、正さなければならないということをつくづく感じています。そして、最近のいろいろな労働相談であるとか、二〇〇九年に東京都がやったいわゆる公設派遣村等をみていて、派遣だけの問題ではなくて、日本の雇用そのもの、日本という国のあり方そのものが問われているとい

うことを、つくづく感じています。雇用全体の全面的な雇用破壊がすすんでいますし、先ごろ厚生労働省が出した、若者雇用実態調査によれば、正規でも青年の五一・六％ですね、半数の人が賃金だけでは暮らしていけない。非正規だと七割の人が、賃金では暮らせないという世の中になっている。やはりこのことをみなさんと一緒に正すということについて、一緒に議論できたらと思っています。

中島　ありがとうございました。では、まずはじめにこのＮＥＣ訴訟の話として、原告のみなさんはＮＥＣに直接雇ってくれというような請求をしているわけですけれど、その請求の根拠としてよく言われているのが、直接雇用の原則というものを持ち出して、この裁判をたたかっています。そこで、そもそもこの直接雇用の原則というものがどういったものなのか、そして、労働者派遣というものがどういったものなのか、また労働者派遣がどういった経緯で現れてきたのか、というお話を、まず遠藤先生の方からお話いただければと思います。よろしくお願いします。

なぜ労働者派遣が問題か――遠藤隆久（熊本学園大学教授・労働法）

はじめに、コーディネーターのお仕事を浸食してしまうことだと思うんですが、重層偽装請負というものを整理したいと思います。まず最初にコーディネーターの中島さんが言われたように、派遣の問題があります。派遣の問題にはどういう問題があるかというと、これは「人だし事業」なんです。戦前、何人人が欲しいといわれたら、その人を捜してきて、その人が欲しいという人に、人を売り渡すという、そういう仕事がずっと行われていました。こういうどちらかというと暴力団のようなかなり危ない人たちがやっていたわけですが、これが戦後、労働者供給事業という形で禁止された。労働者供給事業というのは基本的に中間搾取、つまり人を供給してお金を取るという仕事であるから許されないんだということになる。

労働者派遣

ところが一九八五年に、供給事業の中から合法化するという話が出てくる。どういうふうに合法化するかというと、基本的に口入れ事業なんですが、自分のところの労働者を受け入れてほしいという形をとる。つまり、労働者供給事業で口入れ屋と提供する労働者の間には本来、労働契約関係はないんですが、その口入れ屋と労働者の間に使用者と労働者という労働契約関係があるとして、それでその労働契約関係がある労働者を派遣先に送り込むという形式で、同じ口入れ稼業なんですけれども合法化するという制度をつくったのが労働者派遣なんですね。ですから、この派遣自体に問題があります。先ほどの話で出ているように、使用者としての責任は、いわゆる派遣業として口入れ屋の方に押しつけてしまったわけですから、派遣先の方は、人をもらっても労働契約はその労働者との間にはありません

遠藤隆久さん

から、労働契約上の使用者ではないのに、働かすことができるという、そういう制度を作ったわけです。そもそも、これ自体が問題です。

偽装請負

それで、今度は偽装請負ですけれども、偽装請負というのは、実態は派遣なのに、請負を偽装するというものです。ですから、派遣法ができて、ある種の労働者供給事業は派遣業という形で合法化されたけれども、それすら脱法化する、要するに派遣業として認められない人たちが、請負業という形式をとって実態は派遣をする。派遣だけでも問題があるのに、その派遣を偽装して、請負業という形式を取ることによってそれ自体が違法ですよね。違法な派遣ですから。これはいま厳しく問われているんですが、松下プラズマディスプレイ最高裁判決は、違法な派遣でも実は派遣であるとして、派遣先の企業と派遣労働者の中の間には相変わらず使用者責任はないんだと結論づけたんですね。これが問題なんです。

ところが、今日のテーマである熊本のNECセミコン事件の場合には、重層偽装請負なんです。松下プラズマディスプレイでいえば、派遣会社は一応派遣業としての実態はあるんですけれども、今度のNEC事件は、間に入っている業者というのは、派遣業としての実態もないんです。それで、派遣業としての実態がないということは、先ほどお話ししたように、まさに中間搾取をして、自分の会社を労働者の名前をペーパーで移動させて、お金を稼いでいるということですね。そういう意味では、こうした重層偽装請負は、松下プラズマディスプレイの典型で見る偽装請負よりさらに巧妙な、労働者が本来もらうべき賃金を何社もが寄ってたかってピンはねしてしまうという仕組みです。ですから、まず派遣の問題、そして偽装請負、さら重層偽装請負という問題です。つまり、派遣は問題だし、偽装請負はもっと問題だし、重層偽装請負なんていうものはさらに問題なんです。これはたんに派遣に名前がいくつかくっついたのではなくて、実態がこの三つは違うんだということを、問題点として、ぜひ知っておいていただきたいと思います。

使用者責任のがれ

そこで、なんで派遣が問題かというと、本来、労働法というのは戦後、使用者としての責任を負いながら、使用者として労働者を働かせる権利を取得する。つまり、使用者としての権利というのは、使用者としての義務と裏表で存在する直接原則から出発したわけです。ところが日本のこういう働かせ方の中で、派遣というのは、唯一例外として、実体として働かせる使用者でありながら、雇用契約上の使用者責任を負わないというシステムをつくったわけです。これは、先ほども言いましたように、自分で雇用している労働者を派遣先の労働者として時間決めで売るという業務委託ですから、私は派遣法を労働法とは呼べないんではないかという問題意識をもっています。

要するに業者が自分のところの労働者を派遣先の業者にいくらで売り渡しますよ、譲りますよと、ではこちらはいくらなら買いますよといって、まさに労働者と労働者を派遣先と派遣元の間で売買する。つまりモノ扱いする。本来、普通の関係では、使用者が正規雇用であれ、非正規雇用であれ直接労働者を雇うわけですけれども、この間接雇用というのは、二つの事業者がその労働者を、交渉してそこで条件や賃金等を決めて売り渡す、そういう意味で、労働者が商品になっている、つまり、事業者と事業者の間で、労働者が商品として譲り渡されるという現象なんですね。こういうものを本当に認めていいんだろうかと。この問題の本質が重層偽装請負からだんだんと見えてきたんではないかというふうに思っています。

中島　ありがとうございました。いま遠藤先生の方からは、いわゆる人だし事業、労働者供給事業の中から労働者派遣というものを取り出して、適法化するということが行われたと。それは労働者を商品とする非常に問題のあるものだというようなお話がありました。そこで、小沢先生に次にお話を伺いたいんですけれども、そういった労働者派遣を適法化するといった形で一九八五年に労働者派遣法が立法化されるわけですけれども、今言われたような問題のある法律がどうして成立したのか。その立法の経緯について先生のご経験をお話いただけないでしょうか。

悪法＝労働者派遣法制定・改正の経緯――小沢和秋（元衆議院議員）

派遣法成立（一九八五年）

この労働者派遣法が成立した一九八五年というと、ちょうどバブル期で、人手不足と、しかも技術革新が猛烈な勢いで進んでいるというような時期でしたよね。当時どの会社も、受注・生

小沢和秋さん

産・出荷まで、全部一つのコンピュータ・システムで管理をするというような、システム構築をどんどんやるような時期だったんですよ。そのためのシステムエンジニア（ＳＥ）が極端に足らない。一つの企業だけでそういうような労働者を独占なんかできない。だから、そういう労働者をプールしておいて、必要なところにどんどん行ってもらう。そのようにするのが合理的な使い方ではないかと。そういうことで、政府が労働者派遣法というものを持ち出してきたんですよ。

それから、もうひとつさかんに言ったのは、みんなの意識も変わり、好きな時に好きな場所に行って、働けるような、そういう仕事の形態を求めている。これが登録型というやつですね。これもこの機会に公認しようじゃないかと。だから、いかにもバラ色で、時代のニーズに合っているといった格好で、派遣法が登場してきたわけです。

私たち共産党は、この派遣法は、戦後、中間搾取は許さない、とにかく人を雇うからには直接雇用で、その雇った企業が全責任を負って、その人の労働条件を保障し、終身雇用で一生面倒を見なければいけないというような状況だったものを、ぶち壊すことになるというような重大な問題をはらんでいる。ですから、これはまず本会議でみっちりと議論をして、そして委員会でも充分に時間をかけて議論をしようというふうに言ったんです。ところが、本会議で趣旨の説明をやれというふうに言ったのは共産党だけ。委員会でも審議はやったんですが、一回目だけはその法案についての審議だったんですが、もう二回目からは時間潰しのような、その法案とは関係のないことばかり取り上げて、当時は自民党政府ですが、その自民党の側から、もういい加減にして法案を上げてくれという話になってしまったわけです。

そういう中で私たち共産党が何を言ったかというと、当時はシステムエンジニアのような、一三の専門業種だけを限定して派遣法を認めれば、そういう労働者は引く手数多で、賃金も高くて強いんだ、だから中間搾取なんていうことは全然心配ないというけれども、それはとんでもない話だ、まさに中間搾取を公認することになるのではないかと追及したんです。当時、花形といわれたシステムエンジニアでも、私たちがちょっと調べた範囲だけでも、受注した企業は月六〇万円で委託料を受け取っても、労働者には二〇万円しか渡していない。そういう現実があったんですから、まさにこの法案はそういう実態を容認するのではないかと。

私はさっきも言ったように八幡製鉄で労働運動をやっていたんですが、八幡製鉄所の近辺には、戦前にあった労働下宿というのが当時復活してきて、親分が労働者を囲っておいて、そこから酷い労働条件のところに派遣するという形が現にやられていた。こういうことを大流行りさせるために、一番かっこいいシステムエンジニアを持ち出してきているんではないかと。そういうことが、私が追及した一番の焦点だったと思います。法律では派遣元というのが労働者の賃金や労働条件について全責任を負うんだということになっているんですけれど、だいたい派遣先は大企業ですよね。一方、派遣する側というのは、もう小さな口入れ稼業でしょ。そこが全責任を負って、きちんとした労働条件になるようにといって、親会社と交渉できるはずがないじゃないかと、そういうことを、私その当時におおいに追及したことを覚えております。

まあしかし、そういう追及をするのは共産党だけで、当時の社会党も一応は中間搾取に道を開くことになるというようなことは言いました。しかし、社会党がどういう態度を取ったかというと、修正案を持ち出して、一三業種ではなくてたしか、システムエンジニアだけを認めるということにする修正案を出しました。それが否決されると、反対にだけは回りました。他の各党は、いま言ったように、もうまったくバラ色の話を政府が持ち出したのに乗せられたんでしょうね。共産、社会両党以外はみんな賛成ということで、法案は通ってしまったということです。これが、八五年の審議の状況です。

日経連「新時代の日本的経営」(一九九五年)から

それが、ご存知のように九〇年代に入ってあっという間に経済情勢が変わってきました。日本が深刻な経済危機におちいる中で、次に九九年の改悪に移っていくわけですけれど、その途中で、重大問題が出てくるわけです。一九九五年に、経済界で労務を担当していた当時の日経連が、「新時代の日本的経営」という提言を発表したんです。これが、どういう提言かというと、それまでは労働者を雇うのはもちろん、直接雇用で終身雇用、ということだったその大原則を崩そうという提案を持ち出してきたわけです。どういうふうに崩すかというと、三つのグループに分ける。

第一は、文字どおりその企業のいよいよ中核になる大事な人たち。この人たちだけは従来と同じように終身雇用で正社員です。そして、二番目に高度専門能力活用型。だからかなり高い水準の人たちなんですが、これを有期雇用に切り替える。それから三番目に、雇用柔軟型。これは何かというと、現場などで働くような人たち。この人たちを派遣とか、非正規とかにどんどん切り替えて、それも短期の契約しかしないというように、分けていこうじゃないかと。これはもう、戦後の日本型の経営を大転換する提案を発表したわけです。

それで、それまでは一応曲がりなりにも、派遣労働者というのは一三業種でという制約もあったこともあって、まあじりじり増えていく程度しかなかったんですけど、この提言が発表されて、いわば本格的に現場の労働者はそういう派遣とか非正規に置き換えようという方針の大号令がかかって、その後ものすごい勢いで増え始めた。そういう中で、もう一三業種では足りないというので、一六業種に、そして最終的には二六業種まで拡大していく。それで実際には、とてもこんなのは専門業種とはいえないような業種まで、どんどん認めていくというようなことになってきた。そういう中で九九年の改悪が行われた。

九九年、〇三年の派遣法改悪

この九九年の改悪というのは、何が問題かといったら、それまではいちおう二六業種は専門だということで、そのリストに載っている業種しか派遣をしてはいけないということになっていた。これを逆転させて、そういう制限をはずし、原則として全部派遣をしてもいいというようにしようと。ただ、派遣をしてはいけないというものをいくつか残しておこうということで、その中のひとつが製造業ということで、当分は製造業に派遣は認めないということにしよう。これが九九年の改悪だったわけです。それに正面から反対したのは、当時も残念ながら共産党だけだったんです。

しかし、この頃から矛盾も急激にはっきり見えてくるようになりました。なんといっても、日経連が大号令をかけてどんどん人減らしをやって、派遣や非正規に置き換えていこうということになったわけですから。そして、二〇〇三年には一応留保しておいた製造業についても派遣を認めるようになった。最初にお話のあったNECの派遣も製造業ですから、まさにそれで大手を振って、派遣を入れることができるようになったということなんです。

それで、この二〇〇三年の議論の時は、今も申し上げたように、もう弊害がいろんなところで、はっきりと見えるようになってきた。今でも非常に印象に残っているのは、それまでは共産党がいくら警告を発するような質問をしても、会場でせせら笑うような、「また共産党が心配性の質問を」というような形で、全然相手にされないような雰囲気だったのが、二〇〇三年の時にはゴロっと変わりました。当時、民主党も結成され、自由党、それから社民党ですかね、それから公明党もだったと思いますけれど、この辺からもいろんな問題が出ているじゃないか、どうするんだということで、大論議になりましてですね、それで、製造業の派遣については絶対に許さないようにしようじゃないかということで事実上共闘ができまして、共産党だけじゃなくて、そういう党派の人たちも反対をする。そういう状況にまで変わってきた。国会審議の流れというとだいたいそういう流れであったと思います。

中島　ありがとうございました。いま、小沢先生からは労働者派遣の対象業務がどんどん広げられて、最終的には製造業にまで解禁されてしまったという話がありました。そういった派遣法の改悪をふまえて、今度は井上さんにお聞きしたいんですけれど、そのような派遣法の成立を受けて、実際に労働の現場、労働者の方でどんな問題が生じてきたのか。そのあたりの実情をお話しいただけるでしょうか。

雇用の大原則の崩壊——井上久（全労連事務局次長）

全労連の井上です。いま小沢先生がお話しになって、司会もふれられましたけれども、九九年の原則自由化、そして二〇〇四年二月に製造業派遣が解禁されて、一九八五年当時の派遣法の論議の状況とまったく違うような状況が、派遣の現場に実際上広がっているというのがいまの実態だと思います。二年前の〇八年秋にリーマン・ショックで、派遣切りの嵐が吹き荒れました。私も派遣村に参加をし、そういう人たちと話をし、全労連のいわば二〇〇を超える組合が、これは派遣だけではなく期間工も含む非正規の人たちが立ち上がって、全国で裁判闘争を、いま六〇から七〇くらいたたかっています。それをみると、本当にこんなことが許せるのか、というのが広がっている実態だと思います。

派遣村の経験

派遣村には、五〇五人の人が来ました。契約を切られると同時に、一週間後、一〇日後、寮を出て行きなさいということで、寒空の下に放り出される。派遣村のある日比谷公園まで、みんな歩いて辿り着くんですよね。ある人は死のうと思って、富士の樹海を目指して行った。そしたら、街角でテレビ中継を観て、気が付いたら日比谷公園にいた。そんな人たちがいました。五〇五名、みんな歩いて来たから、夜中の二時三時、明け方、ポツリポツリと人が集まる。みんな体も心も壊れていて、病院送りが次々に出てくる。そういう実態が、あそこで広がっていました。あの労働者のみんなというのは、特に製造業の人たちが中心ですが、ひとりひとりの話を聞くと、ひと昔前であれば、間違いなく正社員であった。その工場の基幹的労働者であり、熟練工なんですよ。派遣村に来て、数年前、どこどこの工場で一緒だったね、という。そこで再会したという話がたくさんあるんです。彼らがどうなっていったか。

例えば、トヨタは「ジャスト・イン・タイム」ってやっています。いちおう三ヵ月分の生産調整の計画を立てるんですが、一ヵ月前に、大体の計画が確定する。そうしたら来月は派遣労働者は何人でいい。しかも彼らの賃金は物品費で、人件費で払われているわけではないんです。部品の発注と同時に労働者の発注もあって、何度も何度も切られた人がたくさんいるわけです。来月はいりませんと。寮で一週間、一〇日間、待機していたら、次はどこの工場に行きなさい。転々とするわけですね。そのうち、自分がどこの会社に実際に雇われているのか。それから自分の住民票がどこにあるのか分からない。そんな話はごまんとあるわけです。給与明細をみたら、今月はどこそこの会社に……。

井上久さん

もともと二〇〇〇年代の初めでいえば、偽装請負という問題が大問題になって、派遣に切り替えたというのがありますから、期間工と派遣を繰り返してということで、本来大企業が直接雇用しなければならなかった人たちが、そういう身分に置き換えられて、明日が知れない。

大企業の巨大な不正義

ここにある不正義というのは、巨大な不正義だと思います。ひとつは、契約期間の問題ですよね。次の契約を延長したかったら、どんな条件でもだまって受け入れないと駄目。実際に、私は長く働いているから直接雇用してくださいと言ったら、そこでうるさいからと、次の契約を切られる。そんな話をごまんと聞きます。派遣会社も、経営内容はないんですよ。自ら雇用した労働者を派遣しているわけではなくて、結局当面のピンはねだけをやってるわけですから、大企業からズバッと切られたら、雇用責任を負えないから、契約解除と同時に、「はい、さようなら」となっちゃうわけです。こういう状況です。

そして、一九八五年の当時でいいますと、非正規労働者の率というのは全体で、一六・四％。

男性で七・四％。女性で三二・一％なんです。それが九九年の原則自由化で二四・八％から、〇四年の製造業で三一・四％。いま最新の〇八年のデータで三四・一％。三人に一人が非正規。女性と若い人たちのあいだでいうと、非正規が過半数という状況が、いま生まれたと。雇用破壊が全体に進んだということだと思うのです。

二〇〇九年の公設派遣村、そして最近の労働相談をやっていて、つくづく思うことは、派遣というもので、雇用の大原則を壊したこと、雇用責任を企業が担って直接雇用が原則であるということを壊したことが、いまこうやって非正規労働者を生みだして、雇用破壊を進行させた結果、日本の雇用全体が壊れてきたということにつながってきたと思うのです。公設派遣村でいいますと、たいした宣伝もなかったけれども、九〇〇名を超える人が来た。その特徴は、相変わらず派遣の人たちはいるんだけれども、多様な人たちが来たというのが、ひとつの特徴です。もともと家を持っていたような人たちです。失業期間が長引いて一年二年、結局、持ち金が底をつき、借金を重ね、一家離散、家も手放して路上に出た。そんな人たちですから、事業をやってきた人たちから、いろんな人たちがいました。まるで真綿で首を絞められるような状況が広がっていて、だからこそ本当に、一層大変だということです。もう一つ去年から、ハローワークなんかそうですけれど、本当に青年が増えましたよね。もう、若者の雇用も吸収できないような日本の雇用実態になってきている。ということで、大原則にもう一度立ち戻らなければならないということを、現場実態をみてつくづく思っていますが、大企業は儲けを上げてきたわけですから、その雇用責任をしっかりさせるということが私は大切だということを感じています。

柳瀬強さん

中島　ありがとうございました。いま井上さんからは、労働者派遣法というものが、使用者の雇用責任というものを壊して、それが、日本全体の雇用を壊しているというようなお話をいただきました。次に原告の柳瀬さんにお話を伺いたいんですけれども、今回、柳瀬さんはＮＥＣの工場で働かれていましたけれども、そこで、実際どういう仕事をされて、どういう解雇をされたのか、そのあたりの柳瀬さんの具体的な経験をお話しいただけないでしょうか。

柳瀬　私たち三名の職場は、ＮＥＣセミコンダクターズ九州・山口の熊本錦工場のオペレーションターミナルというところでした。一班三名で、四班ありました。工場に関係するすべてのものが、集約されて入ってきます。製品の搬出・搬入。工事品の支給・納入。メッキ製品の支給・納入。購買品の受け入れ、入力、配達。メールの配達、回収。それに、樹脂の受け入れ、入力後、ラベルの打ち出し。それから、樹脂に添付し、その後、樹脂庫に仮置きしました。樹脂は一社だけではなく、三社ありまして、住友ベークライト、パナソニック、新光電機が時間は不定期で入ってまいりました。それ以外に、私たちは三〇分間隔で、工程間の「みずすまし業務」を行ってまいりました。二階の選別所に製品を積んだ二段台車を持ってきまして、それを三〇分間隔で一階の選別に持っていきました。これが、仕事が始まって処理するまでを計算したんですが、これを一六回行います。そのほか、チャーターで荷物が入ってきますし、物品とか、購買品がとめどもなく入ってきます。私たちの休憩時間は満足にとれたことはありません。まあ、唯一休憩時間というと食事の時だけでした。トイレにいくのにも、走って行ったりとかですね、そういう状況での仕事でした。

中島　柳瀬さんからは、工場内での勤務の内容をお話しいただきましたけれども、いまの話というのは、NECの従業員とまったく同じ仕事をしていたということなんです。最終的には、NECの方の製造調整ということで、柳瀬さんたちが切られる。まさに派遣法制定後の日本の雇用の崩壊が、柳瀬さんたちに襲いかかったというような状況だといえると思います。

これから、こういった状況に対して、どう対応すべきなのかということを議論していきたいと思います。まずはじめに遠藤先生にお伺いしたいんですけれども、先ほど言った労働者派遣の実態等について、いま、裁判所でどんな動きが見られているのか、あるいは、労働法学会での動きでもかまいませんので、裁判例などをご紹介いただければと思います。

司法の動向——遠藤隆久

まず、これまでの話をちょっとだけ補足させてください。基本的に派遣というのは、当初はテンポラリーな、ある時期だけ働きたいという人がいるんだという理由で派遣法が成立して、それから、いつでも首が切れるという形で、雇用調整弁だという派遣の仕方が始まりました。それから製造業を中心として広がった時には、これはもう完全に常用代替という、要するに企業が正社員の代わりに雇っていくという形で実際になっていきました。話題になった二〇〇八年の派遣村に見られる派遣切りの実態を、厚労省の毎月出していた調査の結果によると、一番はじめに派遣労働者が首を切られているんですけど、その派遣切りの数で半分以上に及んでいるのが、派遣契約が途中であるにもかかわらず切られたという形です。請負の場合も、同じように請負業者と請負先の間で首を切られたということなんですけれど、それ以外の人たちの場合はいちおう契約満了につき、ということで切られているんです。そういう意味では、小沢さんも井上さんも言われたことですが、派遣業者に対して派遣先会社は、契約途中で契約を切っても、派遣業者は派遣先会社に対して何も言えないというのは、まさにそのとおりで、非常に不安定な形になっているという状態になってしまっています。

画期的な松下プラズマディスプレイ高裁判決

それで、いまお尋ねの件については、松下プラズマディスプレイ最高裁判決が大問題です。この事件の大阪高裁判決が、偽装請負に関して、画期的な判断を出しました。それまで他の判決では、偽装請負が発覚して派遣先に直接労働者に対する使用者責任があるということを明確に打ち出した判決がなかったんですけれども、この松下プラズマディスプレイの大阪高裁判決は、使用者責任を明確に示したんです。これがどういう意味かというと、派遣会社と派遣先会社の契約は、これはもう明らかに労働者供給であって認められない。そうすると、その当時は製造業に派遣は認められなかったので、派遣会社と労働者の間の労働者派遣契約も違法な派遣なので、公序良俗違反でこの契約自体が無効だとすると、派遣会社と派遣先会社の間の契約も労働者供給事業であれば基本的に認められないし、派遣会社と労働者の間の契約も認められない。有効な契約がどこにもないのにもかかわらず、派遣先会社が派遣労働者を雇い続けたとしたら、それはなんらかの契約上の責任があるという形で、「黙示の労働契約」というものを認めないと、結局、派遣先会社が労働者を雇うという法的な関係を説明できないではないかということで、派遣先会社と労働者の間の労働契約を認めるという判決を出したんですね。これは極めて画期的判決で、使用者側も、あるいは最高裁も、高裁判決をこのまま認めるわけにはいかないということで、どうも高裁判決に対して極めて厳しい姿勢をもって、判決を出したように思います。

「違法な派遣」も派遣

それで、最高裁の方は基本的にどういうことを言ったか。請負による労働者に対して指揮命令がなくて、特別に注文者が労働者に対して指揮命令をしていたから、これ自体は請負ではない。要するに請負というのは、請負会社が仕事を請負ってその会社に仕事をしに行って、請負会社の社員がその社員に直接指揮命令しないと、直接雇用ですから、許されない。偽装請負というのは、本来は、指揮命令をしてはいけない請負先の会社が指揮命令をするから、偽装請負というわけです。つまり、実態は請負ではない、要するに派遣だということになる。ところがこの場合、派遣法については派遣法違反という実体がある。で、ここからが問題なんですけれど、派遣法でいうと、派遣法違反という実体がある場合、先ほどの高裁は、派遣法違反だから、この契約自体が無効だという判決を下したんですけれども、最高裁はその点をつぎのように言います。

労働者派遣法の趣旨及び取締り法規としての性質、さらには派遣労働者を保護する必要性等に鑑みれば、つまり派遣労働者を保護する必要性があるので、労働者派遣法に違反する労働者派遣を行った場合にも、特段の事情がないかぎり、このことだけによっては、派遣労働者と派遣元との間の雇用契約が無効になることはない。つまり、違法な派遣でも派遣である。そういう判決を下したんです。

ここで「特段の事情がある限り」が、どういう特段の事情であるかについては何にも言っていないし、違法な派遣も派遣であるという理由も分からない。というのは、前にもお話ししたとおり、派遣は直接雇用に反する間接雇用ですよね。でも間接雇用だけれども、派遣法の条件に則れば、間接雇用は認められるという趣旨だと解釈するので、派遣法の要件に該当しない派遣労働があったら、それはそもそも派遣とみなさない。要するに、派遣が間接雇用という例外的に認められる雇用である限り、その例外条件は連続でなければならないはずなんですけれど、最高裁はそここについては何の理由も示さない形で、それを認めるという判決を下しました。これがたぶん最高裁は、これから後のこの種の判決に対する自分たちの姿勢を示したんではないかと思うので、なかなか厳しい判決なんです。

それからもう一点は、実は「黙示の労働契約」、先ほど言いましたように、何にも労働契約がないとしたら、誰と誰の間に労働契約があるのかという話で、「黙示の労働契約」といういわゆる「明示」で労働契約を交わしていない人たちの間で、労働契約の存在を裁判所が認めていくという法的操作をとるわけですが、これについて最高裁は、とりあえず二つのことを言います。

仕事を請負ったパスコという会社なんですけれど、パスコによる労働者の雇用について、松下プラズマは関与していない。それから二番目として、パスコがどういう労働条件で賃金を支払うかという問題についても関与していない。それから逆にパスコが配置転換を本人に求めたりしているから、パスコという会社が使用者性があると。つまり松下プラズマディスプレイは使用者性が認められるほどの実態はないという形で、結局、松下プラズマディスプレイと労働者との間の「黙示の労働契約」は存在しないという結論を出します。これも、どういう判断基準に基づいて「黙示の労働契約」を認めるのか認めないのかという指針をまったく出さないまま結論を出している。そういう意味で、出した結論の根拠が、結局説得力がない。そういう意味では、非常に荒っぽい判決なんです。

ですから、この判決が出た後、いろんな研究者が意見を表明されたわけですが、賛成する見解をまず見たことがない。それで、「黙示の労働契約」については、今回のＮＥＣ重層偽装請負の事件でも当然に出てきますけれど、問題は、こういう出発点なんだということです。結局大阪高裁の判決でも、違法な派遣契約は無効だということで労働契約が存在しないから、「黙示の労働契約」で救っていくんですけれども、最高裁判決は違法な派遣契約でも契約はあるという前提で議論するから、黙示の労働契約を認める必要はないという、そういう議論にいってしまう。つまり「黙示の労働契約」の議論はそれ自体が独立して存在しているわけではなくて、その前の違法な派遣が無効なのかどうかというその結論にくっついている議論だということです。

労働者派遣法の抜本改正を

中島　松下ＰＤＰ最高裁判決といった裁判例もあるといった状況の中で、いま労働者の運動として、具体的にどのようなことが行われているのかということについて、井上さんの方からご発言いただけないでしょうか。

井上　先ほど遠藤先生も言われましたけれども、この間の派遣切り等の実態の中で、違法の限りを尽くして大企業は労働者を安くこき使い、雇用の調整弁として、好きな時に切り、また雇いということを繰り返してきたというのが実態だと思うのです。ところが、いまの派遣法の問題でいうと、最高裁の問題というのは形式論しかやっていないと思うのですが、違法なことをしたのに、その責任を問われない。悪いことをやって開き直っているんです。日本経団連や財界でいえば、いまもまた繰り返しているのが何かといったら、派遣切りが問題ではない。セーフティーネットがなかったことだ。自分たちは介していない。自分たちの派遣契約を派遣会社との間で解除しただけだ。そういってうそぶいている。やはり、こういう違法のやり得、開き直りっていうものを絶対に許さないっていうたたかいが、本当にいると思っています。

全国で約六〇のそうした裁判闘争が闘われていますが、これは細かな法律論ではないと思うんです。これは日本の雇用、大企業の雇用責任を問う国民的運動でたたかわなければならない。熊本のように、支援組織をつくり、大きな世論で裁判所を包囲していくというたたかいがなければ、われわれは勝利できないというふうに思っています。全国でそういうたたかいを、各地の弁護士のみなさんやそういう方たちといろんな形で協力しながら、全労連としてひとつひとつのたたかいを支えて勝ち抜くということを、徹底して力を込めてやりたいと思っています。来月の一四日・一五日に、裁判をたたかっているみなさんに集っていただいて交流し、それから政府交渉等も含めてやる予定をしています。まずそれが一点であります。簡単ではないけれども、やはり世論が勝負のカギだというふうに思っています。

二点目は、あきらかに法律上の瑕疵があるというか、派遣法が欠陥法だということがはっきりしている。違法派遣であったのに、例えば最高裁であればそれも法律だと言ってしまった。本来無効であると考えなければならないのが、許されるような法位置になっている。しかも、八五年の法律制定当時であれば、臨時・一時的な専門業務に限るんだということでやってきたものが、いまや派遣があたりまえ、非正規があたりまえという社会をつくっている。その根本原因だった派遣法について抜本的に改善させなければならないというふうに思っているところです。それで、いまの制度は問題点があります。

われわれは審議を尽くしてきちっとした改善をやってほしいと要求していますが、実はいま、国会の中で労働者派遣法抜本改正の審議が行われていない。この臨時国会でも、派遣法の審議に入るのかどうかも分からないという状況になってきております。今の政府案というのは、政権が代わって、若干の手直しがありました。それでも不充分なものですけれども、先の臨時国会でも、厚生労働委員会で審議したのは、わずか二日だけ。今度の臨時国会になると、審議するかどうかも分からない。というのが、いまの実態でして、これはやはり正さないといけない。いま、必死にやっているところでありまして、明後日、月曜日にも、全労連・自由法曹団などで院内集会をやって議員要請をやる。九日には、日弁連が派遣法抜本改正で院内集会をやる。やはり、審議入りをやって派遣切りの実態を本当にもう一度、直接そういう労働者の話も聞く、ここでいったい何を問われているのかという論議をやらせていくということをきちっとやる。

何をしなければならないかという問題は、たぶん三点くらいだと思うのです。第一に、もともと労働者派遣は臨時・一時的な業務で、そういう専門的な業務に限るんだということだったんだから、やはりそういう原則に立ち戻って雇用代替できないようなしくみにして、製造業派遣や登録型派遣ということについては、原則禁止をきちっとやるということ。第二に、派遣でいいますと、常用代替がなぜすすむかといったら、安く買いたたけるからやっているんだということですね。それから、第三として、違法や偽装など、そういうことがあった場合には、ペナルティーをきっちり科すということで、期間の定めのない直接雇用にもっていく。そうした改正をどこまでできるかということですけれども、やはり立法府でこれ以上放置させないという世論を高めて、われわれは運動していくというふうに思っているところです。

その点でも、いま財界は派遣法だけではなくて、有期雇用等も含めて二つのことを言っているんですね。一つは国民にニーズがあると。ニーズがあると言っているけれども、実際上は他に選ぶ道がなかったからそこを選んだという人たちがものすごく多いということです。それで、雇用破壊が進んだ中で、派遣や非正規の人たちは家計補助ではなくて、家計の大黒柱、その人たちが暮らせないような賃金しかもらえない仕事にしかありつけない。それが実態だと思います。それから財界は、「規制強化が契機で経済に悪影響」という議論を振りまいています。実際上は企業だけが儲けて、賃下げをやって内需が細って日本経済がおかしいということですから、そういう日本の経済のあり方そのものを含めて、やはり大企業は雇用責任をきちんと果たしなさいという世論を、社会のあり方も含めて、喚起していくことが、雇用政策の転換を勝ち取るカギなのではと思っています。

中島　ありがとうございました。いま、井上さんの方からは、違法のやり得は許さないという立場から、大企業の雇用責任をひとつひとつ追及していくべきだということ、そして、派遣法の抜本改正の運動も強めていくべきだという話をいただきました。それで、いま派遣法の改正のお話が出ましたけれども、小沢先生にお伺いしたいんですけれども、いまの派遣法改正の動きについて先生はどのように見られているのか、その辺をお話し願えないでしょうか。

小沢　いま、派遣法の改正ということで出されている案というのは、見かけの上では大改正のようだけれど、実際には、ほとんどザル法という状況ではないかと思うんです。例えば製造業の派遣を禁止するといいながら常用型については例外ですよ、と。ところが調べてみると、たしか常用型というのが七割・八割を占めているんでしょう。そうすると、もうほとんどが例外だということになって、意味がない。また、登録型についても禁止だといいながら、いわゆる二六の専門業種については例外ですよ、と。そうすると、これも例外が大部分になっている。だから結局、禁止だ禁止だと、恰好はいいけれどもほとんど実効性はない。私たちとしては、そういう例外を設けないで、きっぱりと派遣労働を禁止しなさいと。少なくとも、九九年のあの大改悪以前の線まで戻しなさいと。本当に働く人たちが、安心して正規の労働者として雇われて働けるような状態を取り戻していきたいと、これが私たちのいまの根本的な考え方です。

それで、もう一言いわせていただきますと、その程度のものでも、国会に出てくるのか、出てきたとしても、それが通るような状況なのかというと、そのこと自体も、非常に見通しがたたない。国会ではご存知のように、参議院で民主党が大負けに負けたというので、ねじれだとかなんとかいって、国会の最近の論戦なんかを聞いてみても、ほとんど国民の暮らしや日本の進路に関係のある根本的な議論というのは行われないで、なにか大臣が国会の中で写真を撮ったとかというつまらないこと、そんなことばかり延々とやっている、こんな状況を改めさせないと、本来の私たちが要求するこういうことが問題にもなってこないというのがいまの状況ではなかろうかと。みなさんと一緒に、ぜひ、そういういいかげんな審議は許さんという、本当に真剣に派遣問題を正すようにさせろという点でも、今日はこうやって、シンポジウムを開いていただいたというのは、非常に大きな意味があると思うんです。ぜひ一緒にそういう世論を盛り上げていきたいなと思っております。

中島　ありがとうございます。一緒にがんばっていきましょう。次に柳瀬さんにお話を伺いたいんですが、いま、裁判をしている立場から裁判にかける思いについてお聞かせ願いないでしょうか。

柳瀬　本日はＮＥＣ重層偽装請負事件をたたかうわたくしたちを温かく励ましていただいてありがとうございます。私は、原告団長の柳瀬と申します。二〇〇八年一二月にアメリカ発の金融危機で、雇用の調整弁として解雇になりました。二〇〇九年末で失業保険も切れ、厳しい生活を余儀なくされています。副団長・松永、事務局長・柴田、それに私の三人は、一〇月に入り、一〇月五日・六日、大分県労連に三人で行き、支援要請を行いました。カンパ、署名、物品販売、基金等を訴えて、大分県労連傘下の組合を訪れ、阿部議長、児玉事務局長、大分キヤノンの平野分会長さんに同行していただき、二日間大変お世話になり感謝しております。

現在日本の労働人口の約三割は非正規だといわれております。今後も、正規と非正規を分けることなく、すべての労働者のために、声を大にしてたたかっていきます。九州内でも、熊本のNEC、大分キヤノン、長崎ソニー等の争議団体がありますが、その先陣をきってNEC重層偽装請負が裁判に入っております。来る一二月一三日、第四回口頭弁論が午後三時よりあります。支援のみなさま方の傍聴をよろしくお願いします。第一回が六月九日、第二回が七月二一日、第三回が九月二七日に口頭弁論があり、原告三名が各自意見陳述を行いました。前回までは単独の裁判官でしたが、一二月の第四回より合議制で三人の裁判官で審議が行われます。被告三者、NECセミコン、NECロジ、日通航空の反対尋問が行われる予定です。私たち三人の裁判であると同時に、全国で苦しむ非正規労働者の声を代弁してたたかう裁判であると考えます。傍聴は大きな力になると思いますので、引き続き傍聴支援をよろしくお願いします。直接雇用を求めて裁判に勝利し、原告三人力を合わせて頑張りたいと思いますので、どうか末長く支援をよろしくお願い申し上げます。以上です。

戦前回帰をさせてはならない

中島　最後にまとめの議論に入りたいと思います。これまでの議論をふまえて、今後国が取るべき政策、あるいは労働者保護のためにやることなど、ひとことずつお願いします。

遠藤　今日の話で繰り返して申し上げているように、派遣法自体に問題があるということで、派遣法の改正が国会のスケジュールに乗ってきているわけですけれども、そうした派遣法自体も守ろうとしていないということ、これはみなさんも記憶に新しいところだと思うんですけれども、トヨタとかキヤノンとか、いわゆる日本経団連のある種のリーディング・カンパニーであるような企業で、平気でこういう違法状態が行われている。この法律の基準ですら非常に低いのに、要するに労働者が安心して暮らせない賃金でしか生活ができないというようなことがまかり通っています。

日本の雇用のしくみというのは、例えば、終身雇用ではなくて、長く働けないという前提で、本当にローンで家が建てられるのかということを考えても、日本という国では、終身雇用というものが、セーフティーネットとして果たしてきた役割は大きいのです。これ以外のセーフティーネットを日本はたいして張ってきていないんですけれど、このセーフティーネットが壊されながら、一方で、終身雇用ではない働き方をこれからのあたり前な社会にしなければならないということになったら、セーフティーネット自体を張り直さなければならないという大変重要な問題だと思います。

ＮＥＣのこの事件を、私も知るようになって考えたことは、一番最初の自己紹介で、規制緩和がどんどん進んでいくと、労働法の崩壊だというお話をしたんですけれども、戦前回帰ではないかということです。要するに、労働者供給事業が禁止されたり、中間搾取が禁止されたというのは、基本的に戦前のような、労働者の自由がないという、そういうのを「原生的労働関係」という言い方をするんですけれども、戦後は一切シャットアウトするんだということで、社内預金の禁止とか、いろんな禁止規定が生まれた。ところが、今回の事件の場合、直接本来雇われているＮＥＣセミコンから、人吉急便まで、途中にどんどん企業が入っていって、労働者の賃金を中抜きしていく。この姿をみていると、労働法が規制緩和されると、労働法が体をなさないというだけじゃなくて、もしかしたら戦前まで戻ってしまうんではないかということを危惧しました。ただ単なる偽装請負ではなくて重層偽装請負、間にどんどん中抜きをする企業が入ってきて、ハイエナのような形で、労働者が本来受け取るべき賃金を奪い取っていくという、こういう姿が実は、この事件の基本的な姿だと思うので、こういう人の生血を吸うような、殺伐とした労働・雇用の現れというのは、なんとしても阻止しなければいけないなあと、つくづくこの事件から自覚させられた思いがあります。みなさんもそういう思いでこの事件に取り組んでいただければと思います。

小沢　私は派遣労働者の問題を解決するというのは、日本の当面している最大の問題のひとつではないかというふうに思っているわけです。みなさんもご存じのとおり、いま日本は、世界で一番経済が停滞しているという状況にある。その大きな原因というのは、私は派遣労働、そして非正規がどんどん広がっていることだと思います。賃金などをとってみても、ここ十数年の間に、一二％も下がったっていうわけでしょ。そして、非正規の人たちを中心にしてでしょうけれど、二〇〇万円以下の年収の人が一一〇〇万人を超えている。こういう低賃金の人が増える、賃金がどんどん下がるような状況の中で、内需を中心にして日本の経済が盛り上がっていくはずがないわけです。不況を打開するため、新成長戦略とかいって、国際競争力を強めて輸出できるようにと、また大企業にテコ入れする。しかし、そのやり方に対して、世界中が反発していま日本は円高だと。そのようなことで、にっちもさっちもいかない状況になっているわけです。

　私は、これを打開していくためにも、この労働者派遣法を抜本的に改正をして、さっきから言っているような、穴を塞いで、本当の改正というものをやり遂げることができて、国民・労働者の収入が増加に転ずるというような状況を作りだしていったら、これはもう、日本経済そのものが、大きく発展していく。派遣法抜本改正というのは、そういうことに繋げていくような、大変なたたかいだと思うのです。

　しかし、法律を改正するというのも、なんといっても、国民の力、とりわけ直接、派遣とか、非正規という形でいま苦しんでいる方が立ち上がる、それを周りが包んで一緒になって頑張っていくと、こういう方向でしか打開していくことはできない。そういう意味でも、今日みなさん方が、こういうシンポジウムを開いてくださったというのは、非常に心強いと申し上げたんです。ぜひ、そういう大きなたたかいをやって日本のあり方そのものを変えていくんだという決意で派遣問題に取り組んでいただきたいということを申し上げて、私の結びの発言にしたいと思います。

井上　先ほど遠藤先生が「戦前のような」というふうに言われたんですが、派遣のみなさんの実態というのはまさのそのとおりなんです。最近不況で、東京周辺や関西などでは、また飯場がお流行りという状況になっています。いまもらっているのが、一日九〇〇〇円から八五〇〇円。ところが、毎日仕事をやるわけではない。そこにいて、上野公園あたりで若い人がスカウトされて連れていかれてますけど、安全靴のようなものを買わされて、安いところもあるんですけれども、ひどいところでは二万いくらというようなものを払わされて、食事や飲んだりということができて、週末にお金をもらうけれども、前借金でやって、ところが一定働いたら、仕事がないからと放り出されてという人たちがいます。派遣自身も、特にネットで、自己責任論やそういうのが飛び交ってますが、ではどうだったかといったら、首都圏の東京近郊のところの工場があるところに寮が建って、家賃はしっかり取られて、しかも、周りから比べたら二〜三割高い、そこの下にはコンビニみたいなのがあるけれども、そこも普通のコンビニよりも全然高い値段。彼らは、最後の方になるとだんだん仕事がなくなってきて、持ち金も底をついてという話で、やはりけっして自己責任ではなくて、そこにあるのはまさにピンはね業。労働者がモノとして売買されていたという実態だと思います。

自己責任だと言いますけれども、この前大学の後輩が、訪ねてきて話をしたんですけれども、女性で二〇代の半ばで司法試験の勉強をしているんです。なぜって聞いたら、女子学生のまともな就職がないんです。あせって四年の後半から司法試験の勉強を始めたっていうような状況で、雇用そのものがそういうような状況になってきている。

悪貨は良貨を駆逐するといいますけれども、そういう雇用破壊の状況だから、私があった中で一番ひどい労働者っていうか、こんなのはもはや雇用とは呼べないんですけれども、彼はポスティングをやっているんです。二二～二三歳。一ヵ月でもらっているお金というのが、七〇〇〇円ぐらい。週四～五日、ビラを配っているんですよ。それで七～八〇〇〇円。そこの会社の売りは何かというと、まあ、会社かどうかその実態は分からないんですけれど。〇〇駅に朝何時集合ということで、行くんです。食事がとれる。その日に寝泊まりできるところが用意してもらえる。二段ベッドがいくつも並んでいるような部屋です。ところがその日三〇人集まったら、寝床の数が二〇しかなかったので、「君、残念だったね」という。それで一〇〇円マックで過ごして寝る。それで、一ヵ月七〇〇〇円しかもらえない。もはや雇用とは呼べないけれども、なんにもなかったら、そういうものにも飛びつかなければいけない。そういう状況が広がっているんです。

そういう実態を本当に論議して、こういう社会を本当に続けていていいのかということを論議していくこと、国民的な連帯で、やはり地域で運動していきながら工夫していくということが、自己責任論から転換していくためには重要だと思っているということと、全労連は安定した良質な雇用を求めるということで運動をやっていっています。大企業は、国際競争力という名の下に、ニーズ論をあいかわらず展開し、厚労省の有期雇用研究会の報告書は、いままでリスクは、一方的に労働者に押し付けられてきたけれども、経営リスクの、企業と労働者の適切な配分をなどと言う。しかし経営リスクを労働者に負わせるようなことを、これ以上続けるわけにはいきません。なによりも、雇用の大原則というのは、直接雇用であるということと、期間の定めのない雇用でなければならないと。そのことを大々的にやはりみなさんとつくり上げていきたいなと。そのためにもひとつひとつの裁判闘争に勝利する運動を広げていきたいと思っています。

中島　このパネルディスカッションで明らかになったことを、私なりに整理しますと、日本の雇用のあり方が破壊されているということ。その大きなひとつの原因として、この労働者派遣法の成立、あるいは改定があるということです。そういった問題に対しては、また、私たちが正規労働者として安心して働くためには、何よりもこの派遣法を改正する必要がある。それにとどまらず、その改正も含めた国の基本的政策を転換させることが必要であるということです。その運動として政策を転換させるためには、ひとつひとつの事件をたたかいぬいて、違法のやり得は許さないという立場でたたかいぬくということと、その立場から国に訴えて、世論を動かしていくということが非常に大切だということが、今日、議論されたと思います。今日は四人のパネラーのみなさんでご議論をいただいて、非常に参考になりました。

逆流を監視して

棗本　今日はありがとうございました。われわれの求めていく方向性というのは、今日の議論で非常によく見えてきたと思うんですけれども、それを阻害するものをはっきりとさせておきたいと思うんです。経団連というのは明確に相手としてあると思うんですけれども、例えばこの派遣法が成立する時点において、ＮＥＣにしろパナソニックにしろソニーにしろ、そこにある電機連合という労働組合が、一度は労働界の反対によって葬り去られようとしたこの派遣法の案を、先ほど小沢先生が言われたシステムエンジニアであるとか、キーパンチャーなどの働き方に応えるためにと称して、復活に力を入れたという事実があるということで、労働組合の果たす役割が問われている。もうひとつ、派遣村が行われている時に、この派遣法に反対する大々的な集会があったわけですが、一方でゼンセン同盟を中心にして派遣法を守る集会が行われていたということが明確な事実としてあるということで、いまの民主党政権がめざしている方向も含めて、これから私たちがまともな雇用を目指していこうとするときに、それに抵抗しようとするグループというかわれわれの敵というか、その辺を明確にしておきたいと思います。

井上　民主党というのは、本当にわけの分からない政党です。菅さんの豹変というのはすごいですよね。彼は、派遣村に来て、これは政治災害だと、派遣法抜本改正をわれわれと一緒にやったんですよ。いま、彼はぜんぜんその立場ではない。菅首相がいま、何を考えているかといったら、財界やそういうものなどに押されて、成長戦略に完全に舵を切った。しかも、あの成長戦略というのは、文章は七項目のうち六項目は、そのまま経団連のものとうり二つです。民主党自身の中はどうかといったら、例えば政府案について一年生議員の多くの人たちは、こんなにいろんな問題があるとは、ぜんぜん知らなかった、穴があったら入りたいといって院内集会に来た議員がいるとかですね。いま、議員要請行動をやっているんですが、いろいろ問題があるのは重々承知していますと。でも、規制強化への第一歩ですからと、言い訳ばかりをしている議員が大半なんです。

それで、実をいうと、国会の中の力関係でいいますと、参議院は与党過半数割れになっていますので、二四二のうちの過半数は議長を入れて一二二で、いま与党が一一〇、それに共産党と社民党を合わせると、一二〇で、あと無所属の人が二人いれば、実は過半数だというのが国会情勢なんですよ。何が行われているか、実は分からなくて、新聞で製造業派遣の禁止を削除するという話合いが行われているとかいうけれど、あまり詰めた話というのはどこにもないんです。それで、派遣の問題や、格差や貧困の問題や、こういう雇用の問題よりも、成長戦略の方に頭がいっているということを、われわれの運動が引き戻せるかどうかというのが、やはりいまの局面だということです。民主党をはさんで、財界や自民党とわれわれがたたかっていて、新自由主義にもとづく規制緩和路線を継続させるのか、それとも規制強化でまともな日本につくりかえるのかっていうのは、運動がまさに左右させる、そういう国会情勢なんだと思ってやっているところです。

私は、それは実現できると思っておりまして、何を根拠にそういうかというと、まず第一に自公政権を変えたんです。それからたとえば法曹界では、派遣村の名誉村長をつとめた宇都宮先生が日弁連の会長に当選したりする。やはりそういう声と運動をもう一度起こすという、そういう社会連帯をつくり上げていくというのが、いま求められているし、労働組合がそのためにがんばらなければならないと思います。何よりも今日は、水俣病の原告の方たちやいろいろな方がお見えになっていますが、事実の力というのは強いんです。ＮＥＣのたたかいは、こういうものが本当に許されるのかということをひとつひとつ地域から共同の運動をつくっていきたい。そうすれば、必ず社会を変えることができると思っています。

第Ⅲ部　偽装請負を斬る

ＮＥＣ重層偽装請負訴訟一周年記念シンポジウム（二〇一一年七月九日、熊本県教育会館、主催＝熊本県労連）の記録

シンポジウム開会あいさつ

熊本県労連副議長　荒木　正信

みなさんこんにちは。熊本県労連で副議長をしております荒木です。ＮＥＣ重層偽装請負訴訟の原告三名が加入しているローカルユニオン熊本の書記長もしております。

このＮＥＣ重層偽装請負訴訟は、二〇一〇年四月六日に提訴して、一年と三ヵ月になります。このたたかいを再度分かりやすくして、もっと世間に広げて行こう、また広げていくためには、もっと分かりやすくしなければいけないということで今日のシンポジウムの準備をすすめてまいりました。一方、三月一一日の大震災・原発事故を契機にさまざまな問題が、いろいろな角度から論じられ、また検証されています。その中で、これまでも問題になってきた日本の労働者の働かせ方の問題について、とりわけ原発事故を受けて、問われる事態になっていくものと思われます。そして、このＮＥＣ重層偽装請負では、まず労働局に申請をし、団体交渉も行い、最終的に裁判まで行っているわけですけれども、この問題は、私たちが原告三名だけの問題ではない。三名の雇用をという問題だけではなく、いわゆる非正規という働かせ方について、これをなんとかしなくてはいけない、このままでは、労働者も暮らしも守れない。とりわけこういう皆さんの雇用、そして日本の将来にとっても、これは大変な問題だという思いで、日々たたかっています。

今日はシンポジウムに先だって、福島原発の現地に入って、復旧にあたっている労働者のみなさんを取材されてこられました週刊東洋経済の風間直樹さんから、現地からの報告をいただきます。いかに非正規という働かせ方が、非人間的だということであろうかと思いますが、労働者を一人の人間として扱っていく社会をめざす、これがまさに全労連が提唱しているディーセントワーク、人間らしく働き・人間らしく暮らす、そういう社会実現へのたたかいだと思いますが、私たちのたたかいへの更なるご支援をお願いして、開会のあいさつとします。

講演　フクシマの英雄たち
――原発労働者の実態から見た東京電力・原発政策――

週刊東洋経済記者　風間　直樹

みなさん、『週刊東洋経済』という雑誌をご存知でしょうか。なかなか馴染みのない雑誌という方が大勢いらっしゃるんだろうと思います。ジャンルとしては、いわゆる経済誌・ビジネス誌になるのですが、一八九五年ですから日清戦争の前後に創刊されております。なんとなく経済誌・ビジネス誌というと、みなさん「経営者の太鼓持ちが書いている雑誌じゃないの」とか、「会社にいいことを書いて、そこからお金を取る」ような、そういうあまりよくないイメージをお持ちじゃないかと、それが何故そこの記者がこんなテーマで話をするのかと、少し訝しがられる方もいらっしゃるんではないかと思います。実はわれわれのこの雑誌なかなか骨太でありまして、古くは石橋湛山元首相が、社長を務めておりまして、先の大戦時、当時の大マスコミ・ミニマスコミまで含めまして、すべてが戦時体制に巻き込まれていく中で、最後までそれに対して抵抗したという歴史があります。また経済誌も最近、昔よりいろいろなテーマを取り上げるようになっておりまして、私も今ご紹介いただいたように、ここ数年来、雇用労働問題、今日も中心のテーマになっております偽装請負や派遣労働など間接雇用の問題について、ずいぶんと取材を続けてまいりました。また社会保障の問題や今も被災地で大変な問題になっています地域医療の問題、こういったものも巻頭の特集で取り上げるようになっております。

それで、今日のテーマである東京電力、そして原子力・原発政策ということに関しましても、三・一一後に何回か大きな特集を組みました。「東京電力　迷走する巨大企業の正体」「原子力暴走する国策エネルギー」などが一例です。なぜ被爆国である日本で、これほど強力に原発活用が推進されてきたかということを、かなりネチっこく、歴史的な経緯もふまえつつ描いています。バックナンバーも扱っていますので、ぜひお手にとっていただけると幸いです。

風間直樹さん

東京電力は大変大きな企業体であり、そして原発政策も大変大きな政策課題で、双方さまざまな切り口があると思うのですが、今日はその中で労働問題、原発労働者の実態の観点から、東京電力、原発政策というものをみていきたいと思います。

まず、よく原子力村ということが言われておりますけれども、つまりさまざまなところに原子力を推進するネットワークが張り巡らされている。そしてそこに、巨額の予算が、毎年毎年、充てられています（「ニッポン原子力村」相関図）。東京電力コネクションとも言うべき人とカネの繋がりが、財界・政界、そして経済界に張り巡らされています。

所に東電の影響力が──

2011年度原子力関連予算概算要求額 **4556億円**

2委員会を擁する

政策大綱の策定作業は事故で中断している。4月1日、田中俊一元委員長代理らが会見。原子力政策を推進してきた立場として謝罪

原子力委員会委員長
近藤駿介
撮影：高橋孫一郎

4月1日の会見で「データが届くのが遅い」と安全・保安院を批判。しかし、その安全委も汚染水の処理について「対応する知識を持ち合わせていない」（班目委員長）

安全研究の成果等を提供

京電力

東京電力副社長
原子力・立地本部本部長
武藤 栄
撮影：梅谷秀司

㊟は東電関係者が関与している機関

議会、業界団員を多数派遣

文部科学省

旧・科学技術庁時代から国の研究開発の中心で、予算潤沢

11年度予算額 **2571億円**

日本原子力研究開発機構（原子力機構、JAEA）

国内有数の原子力研究機関

原子力関連の基礎、応用研究および高速増殖炉の開発等を行う研究機関。05年、日本原子力研究所と核燃料サイクル開発機構が統合して設立される。国内外に19の研究開発拠点、事務所等を有し、職員数は約4000人

10年9月まで東電の早瀬佑一・元副社長が副理事長を務めていた（現在は関電の辻倉米蔵元常務）。今回の事故後、目立った発言や行動は見られない

05年統合

日本原子力研究所（原研、JAERI）

日本の原子力分野の中核的な研究機関。05年核燃料サイクル開発機構と統合

核燃料サイクル開発機構

高速増殖炉や新型転換炉の開発などを手掛ける動力炉・核燃料開発事業団（動燃）が、高速増殖炉「もんじゅ」や東海事業所での事故の後、1998年に改組

原子力政策・予算の決定権を握る原子力委員会や、国の諮問機関である原子力関連の審議会に東京電力関係者が居並ぶ──。およそ非常識な業界構造が、長きにわたり放置されてきた。

規制当局である原子力安全・保安院が原発推進役の経済産業省の管轄下にあれば、監督機能が働かないのは自明の理である。なお、重要な"村民"である文部科学省は甚大事故の前にだんまりを決め込む。

（注）11年度の関連予算4556億円には、上記3省庁予算のほか、外務省69億円などを含む

国際機関および海外の規制当局

IAEA事務局長
天野之弥

NRC委員長
グレゴリー・ヤツコ

AFP＝時事
Getty Images

国際原子力機関（IAEA）

核の番人

原子力の平和利用促進および軍事目的への転用の防止を監督。世界151カ国が加盟。09年より日本人の天野之弥氏が事務局長

日本に専門家から成る調査団を派遣。ただ、事故当事国に強制力のある指示を出すことはできず、やきもき。日本との避難基準の違いで、福島県飯舘村が振り回される一幕も

米国原子力規制委員会（NRC）

米国の規制当局

規制機関。原子力施設の許認可を担う。日本の原子力安全・保安院のモデルともいわれる

原子力機関（NEA）

欧州の規制当局

経済協力開発機構（OECD）の原子力専門機関。加盟国は欧州を中心とした28カ国。母体は欧州原子力機関

2011.4.23 週刊東洋経済 38

特集／東京電力の正体
「ニッポン原子力村」相関図 ―至る
経済産業省 原子力業界の監督官庁
11年度予算額 1898億円
資源エネルギー庁
原子力振興の旗振り役
石油、電力、ガス、原子力など日本のエネルギー政策の推進を担う、経産省の外局
石田徹・前長官は11年1月東電顧問に就任。東電への天下りが常態化
経済産業大臣
海江田 万里
時事
原子力安全・保安院（NISA）
原発の監視人
原発の安全規制を担当。主に保安検査など実務を手掛ける。違反企業等に対しては、行政処分を下す権限を有する。経産省の事務官僚らで構成され、専門性は高くない。西山審議官も震災前はTPP担当。職員数は約800人
原子力安全・保安院
付審議官
西山英彦
撮影：梅谷秀司
規制当局でありながら、推進側の経産省傘下にあることに、疑問の声も。政府は安全委員会との組織統合を検討
安全技術の支援
原子力安全基盤機構（JNES）
安全・保安院のサポート役
原発の検査業務等を行う。役員は経産省の役人、大学教授ら。職員数400人超
総合資源エネルギー調査会
原子力委員会の参謀
経済産業大臣の諮問機関。資源エネルギーに関する、10〜15の部会、分科会により構成
原子力部会（電気事業分科会内）
委員には東電の西澤俊夫常務、関西電力の八木誠社長など、業界関係者多数
原子力安全・保安部会
委員に東電の武藤栄副社長など
内閣府 業界の司令塔的役
11年度予算額 17億円
原子力委員会
政策、予算を掌握する最重要機関
国の原子力政策（原子力政策大綱）を定めるほか、原子力関係の経費配分も担う。業界内で最大の権限を有する行政機関の1つ。大学教授や東電の尾本彰顧問ら5人で構成。近藤駿介委員長は表に出てこず
原子力安全委員会
安全・保安院を二重に監視
原子力安全・保安院が行う安全規制をダブルチェックする。東大の班目春樹教授ら5人の委員で構成。傘下に専門審査会や部会を多数抱える専門家集団。構成員は約500人
原子力安全
委員会委員長
班目春樹
KPS
監督規制
東
各省内の組織や
体に、東京電力
民間の業界団体など
電気事業連合会（電事連）
業界団体
東電の清水正孝社長が会長
国際原子力開発（JINED）
原子力設備のインフラ輸出を目指す目的で10年に設立。電力9社が出資、社長は武黒一郎・東電フェロー（前副社長）
電力中央研究所
業界研究機関
評議員に東電の清水正孝社長
日本原燃
ウランの濃縮、使用済み核燃料の再処理などを手掛ける。東電など電力9社が出資、東電は出資比率28%で筆頭株主。会長は東電の清水正孝社長が務める
日本原子力技術協会（JANTI）
民間の自主規制機関。東電など電力9社やメーカーの会員で構成
学協会（日本原子力学会、日本機械学会、日本電気協会）
日本原子力産業協会（JAIF）
理事に東電の木村滋副社長
09年青森県六ヶ所村の再処理施設で放射性廃液漏洩の事故が発覚し、建設中断
39 週刊東洋経済 2011.4.23

『週刊東洋経済』2011年4月23日号

正社員の七・五倍の下請作業員

三・一一の事故の直後から、海外メディアを中心に、福島第一原子力発電所で復旧作業にあたる過酷な環境下で作業にあたる労働者のすばらしい働きをとらえて、「フクシマの英雄」として称賛されて紹介されていました。その英雄たちが、いったいどういう立場で、労働者として、どういう実態にあったのか、これが、意外と知られていないのです。当事者である東京電力の社員も当然、その対応に入りました。ですが、絶対数がそれでは足りないのです。

といいますのも、もともと日本の原子力発電所は稼働している中で、全体でみましても、たとえば二〇〇九年度のデータですが、日本全国でみて、電力会社の社員として原発で働く労働者の数というのは、およそ一万人弱です。それに対して、いわゆる協力会社・協力企業と呼ばれる下請会社に下請労働者として働く作業員の数は、七万五〇〇〇人と、圧倒的に多いわけです。通常の電力会社の正社員の七・五倍の人たちが下請の形で原発労働に従事している。みなさんの想像以上に、電力会社の社員というのは、少ないのです。現場を担っている労働者の中で、電力会社の社員というが、こんなに少ないということをまず、ご理解いただければと思います。もともと、事故の起きたこの福島第一原発で、東京電力の社員というのは、一一〇〇人でありました。それに対して下請労働者は九〇〇〇人を超えておりました。圧倒的多数が、ここでも下請であったわけです。

それで、下請会社と聞くと、みなさんどういう会社を想像されるでしょうか。種々さまざまですが、かりに東電の下請といっても、東電と直接契約を結んで仕事を請負うという、いわゆる元請会社には、日立製作所、東芝、あるいは関電工とか、東証一部上場の名だたる大企業があるわけです。ですが、この元請を頂点としまして、その下に多重の下請構造が仕組まれている。これが、原発労働の一番の特徴であります。私もこれまで自動車・電機・精密などさまざまな製造業の労働現場を見てきましたけれども、これほどまで多重下請が活用されている産業は聞いたことがないほどです。

こうした原発労働の現場では実際、私が取材をした中でも、働いている労働者が、七次下請、八次下請の会社に雇われて働いているという方も、何人もいらっしゃいました。七次下請、八次下請といって、みなさん想像がつかれますでしょうか。東電が元にいて、下請があるわけですが、二次・三次といえば、いわゆる下請会社という感じで、イメージできるのではないと思いますが、七次・八次って、どうでしょうか。私も最初は、どんな規模の会社なんだろう、どれくらいの労働者を雇っているんだろうと、全然分からなかったわけです。

ただ、取材を続ける中で、だんだんと分かってきました。実態なんてほとんどないのです。会社としての体をなしているような会社はほとんどない。せいぜい、四次・五次、これくらいまでがギリギリ会社といえる。もちろんそれも社長以下、社員が数人しかいないような中小零細ですが。その下になると、言葉は悪いのですが、昔の「口入れ屋」です。人を集めて、現場に送り込む。それを生業として食っていくという業者。まあ、業者というよりも、実態はほとんど個人ですが、そういう個人がやっているというのが実態です。そういう人たちが非常にたくさんいて、原発の立地、これはここ九州でも同じだと思いますが、その近くの自治体に入りますと、そういう人集め専門の人たちがごろごろしているわけです。この業界は昔から、机一つ電話一台あれば始められるという業界で、いまは携帯電話ひとつでやっているという会社なのです。こういう会社=個人が人を集めて、原発に送り込んでいるのが実態です。

なぜ重層下請がはびこるのか

そこで一つ疑問が生じます。今でこそその評判は地に落ちましたが、これまで東京電力は、日本を代表するようなリーディング・カンパニーでありました。かつては、経団連会長、副会長を何人も輩出したような会社です。しかも、同時に単なる優良企業というだけでなく、電力という公共財を地域内ではほぼ完全に独占することが認められている、半ば公の顔をもった会社であります。そういった半分公のような会社が、その現場、まさに中核の現場である原発において、そこで働く労働者の実態を確認できないような重層下請の形で、なぜ使っていたのだろうと、率直に疑問を持ったわけです。こうした企業はいわゆるコンプライアンスには厳しいのが一般的です。なかでも、東電というのはうるさい会社だった。そんな会社が七次八次下請、地元では、フィクサーといわれる人たちをあえて使って、食わせていたという事実は、日本の原発政策の裏面史です。

原発だけではなく、発電所というのは、いわゆる迷惑施設でありますので、なかなか簡単に建てられるものではないのです。確かに、原発黎明期にあたる五〇年代から六〇年代にかけては、福井県や福島県で熱心な誘致運動が繰り広げられた時期がありました。両県では用地買収は県当局が主導し、福井県の美浜原発に至っては、特例措置で固定資産税を減額してまで誘致にこぎつけておりました。しかし、自治体と電力会社の蜜月は長くは続きませんでした。六〇年代半ばには三重県芦浜地区で大規模な立地反対運動が起こり、七〇年代に入ると原発立地計画は例外なく反対運動に見舞われました。七三年には初の原発立地訴訟である「伊方訴訟」が提起されました。

こうした逆風を受け七四年、時の田中角栄首相が成立させたのが「電源三法」でした。電力会社から徴収した電源開発促進税を、電源立地地域対策交付金として還元する制度で、立地地域を振興するというのが制度趣旨です。これにより原発を建てた後も毎年毎年、政策的に多額のお金が立地自治体に下りることになりました。事実、原発所在地の青森県東通村では二〇一一年度予算の四五%、また六ヶ所村でも一八%を電源三法交付金が賄っています。全炉停止した中部電力浜岡原発のある静岡県御前崎市も原子力関連歳入が予算の四割を占めています。

電力会社はこのようにお金を落とすだけではなく、同時に雇用を落とすことによって、地元をうまく丸めこんできたのです。原発立地に雇用を創出する、それが東電がこうしたイリーガルな多重下請構造を、半ば黙認してきたひとつの要因です。ですので、末端の下請会社になると、お互いに仕事を投げ合うような形で、うま味を分け合ってきた。そういう実態が原発労働の背景にあるということです。

請負は使い勝手がよくない

ただ同時に、ぜひ考えてみてください。私は先ほどから、下請・請負という言葉を使っていますけれど、請負という形態を使って原発労働は回っていたんです。しかし、この請負という形態はけっして人を使いやすい形態ではないのです。というのも、直接現場を取り仕切る人間というのが、個々の労働者に対して指揮命令できない。それをやってしまうと、今日のテーマでもあります、偽装請負というれっきとした違法行為になってしまうわけでありまして、これは、なかなか本来は使い勝手が悪いのです。

そもそもこの偽装請負が禁止されているのは、使用者責任の所在が不明確になり、安全管理という意味において大きな問題がある、とりわけ危険業務においては重大な労災問題の発生につながりかねないためです。危険業務という意味では、原発の仕事ほど危険な業務はそうないわけです。危険業務の典型である原発労働に、他産業でもめったに見られないような多重請負構造が入りこんでいるのです。そもそも、今回の事故が起きる以前から、そこに働く労働者にとっては、大変に恐ろしい労働環境・職場環境であったわけです。その辺をぜひご理解いただきたいと思います。

意志も能力も高い労働者たちと

では、そこで働く労働者はいったいどういう人たちなんだろうという話ですが、かなり大きく分かれます。元請はもちろんですけれども、その下、二重請・三重請で働く人たちというのは、多くの方が、原発立地の地元の方たちです。中小零細ではあるのですが、そこで長年原発の仕事を請け負っている会社で、それなりにちゃんとした請負ができる、例えばその会社ならではのノウハウであったり、ある程度の技術をもっている会社で、そこで正社員として働いている人たちです。今も福島第一原発に、かなりこういった方たちも入っていますが、こういう方たちは、意識も能力もかなり高い方たちなんです。

今、福島第一で事故収束にあたる下請労働者の人たちは、原発から南五〇キロのところ、福島県いわき市の湯本温泉にみなさん寝泊まりしているんです。この温泉街の二十数軒の旅館にだいたい二千人弱の下請労働者の方が寝泊まりしています。彼らは早朝から仕事をするんです。とにかく暑い、防護服にマスクをして、暑い中での仕事ですから、熱中症の方が毎日毎日出るような状態です。それぐらい暑いのです。ですから、仕事は早朝から昼過ぎくらいまでというのが一般的です。ですからもう朝五時ぐらいに湯本温泉を出て、仕事を終えて温泉場に帰ってくるのが、午後三時～四時くらいです。

取材では彼らが帰って来るのを待ち構えて、話を聞いて来ました。取材を受けてくれた方々は、二次・三次下請けの正社員の方で、地元愛の強い方が多かったです。話を聞くとけなげというか、要するに「誰かがやらなきゃいけないだろう」「俺はずっとこの仕事をやってきたんだ。消防士が火が怖いとか、警察官が泥棒が怖いなんて言ってたら商売にならないでしょうと……。それと同じなんだ」。彼らはそれでも、自分で線量計で線量を測っていました。東電は、二五〇ミリシーベルトと、大変高い数値まで被曝線量の限度を上げたんですけれども、それぐらいの会社ですと、そういう数値は取らず、もっともっと低い押さえた数値を条件にして働かせていました。会社も、そこに働く労働者の意識も高い、彼らが事故収束を担っている主力であるのは事実です。

「学歴・年齢・経験不問」

ただし、彼らだけでは、仕事はとうてい賄えないわけです。素人同然の労働者も少なくありません。取材の中でも、雇用関係がきわめてあいまい。そもそも自分が誰に雇われているのかも分からない。もともと、雇用契約書なんて発行されていない。あげくの果ては、給与も二ヵ月間支払われなかったというようなケースすら耳にしました。事故発生前のものなんですが、福島第一原発からの求人です。見てみますと、特徴としてこんなことが書いてあります。「学歴不問」「年齢不問」「経験不問」。まさしく「身体一つで来い」というものです。こういう条件で集められ、そして現場に放り込まれていく人たちも多くいる。これももう一方の事実なのです。

それで、私が話を聞いた人の中で、この人の場合は求人は九〇〇〇円から一万円、これもけっして高くないのですが、地元でいつでも誰でもできる仕事という触れこみで、これがいわゆる口入れ屋の仕業で、連れて来られた先が原発だった。そこでは原発作業であれば当然必須であるはずの健康診断や、ろくな採用面接もない。安全教育も大変重要なものであるはずなんですが、初日にビデオを全員で一斉に見せられてそれで終わり。あとはＯＪＴ（実地の作業を通じての訓練）という、非常に荒っぽいものでした。給与は、そもそも口約束なんですが、当初は日給一万数千円から一万五〇〇〇円を提示されていたはずが、実際に入ってみたら、九五〇〇円というふうに一方的に下げられていた。雇用保険も社会保険も未加入だった。あげくの果てに、給与を二ヵ月遅配されて、最後にようやく支払われたという、とんでもないことがあったわけです。

それ以上にこの男性の懸念したのは、やはり危ない作業が多かった。この方は、「経験不問」というようなことで入ってきたような人なのですが、仕事は敷地内のそれほど線量の高くない場所での作業であったわけですが、やはり、ヒヤっとするような、事故寸前というようなことが、二ヵ月いた中でも日常茶飯事だったということです。ましてや、今の福島第一の状況、中の状況は誰も分からないという状況の中で、一部はそういう意識の高い方たちも入っているのですが、そうでない大多数の方たちは、本当にもともとこんな作業はしたことがないという人たちが多く入っているということも、同時に理解していただきたいと思います。

ずさんな放射線管理

原発事故直後、大阪の西成、通称あいりん地区と呼ばれる、昔から日雇い労働者が多く集まる寄せ場の六〇代の男性が、福島第一に連れて行かれて、働かされていました。あいりん労働福祉センターに出された求人はトラック運転手の仕事で、働く場所は宮城でした。私も求人票を見たのですが、勤務地は宮城県女川とはっきり書いてありました。男性は原発作業員が集結する「Jヴィレッジ」に到着して初めてだまされたことに気がついたのですが、「ものを言うのもはばかられる雰囲気で、今さら帰ることもできなかった。事前教育は防護マスクの着け方ぐらいで現場に放り込まれた」といいます。この男性には、原発作業（放射線管理区域内）に本来必須なはずの「放射線管理手帳」も交付されてはいませんでした。線量計が渡されたのも、作業開始後四日目でした。こうしたずさんな状況に置かれたのは彼だけではありませんでした。爆発があった三月時点で、福島第一では三人の下請労働者が不十分な管理下で被曝しており、また放射線業務従事者の指定のされていない女性職員が、線量限度を超えた被曝をしていたことも判明しています。にもかかわらず、労働基準監督官が監督指導のためようやく管理区域内に立ち入ったのは、五月末のことでした。

事故後二〇日で、原発作業員の本来の年間被曝限度である五〇ミリシーベルトを四〇〇人以上の作業員が突破、一〇〇ミリシーベルトという五年間での被曝限度すら一二〇人が上回っています。厚労省は震災発生四日後の三月一五日の段階で、今回の緊急作業時の被曝限度を、従来の一〇〇ミリシーベルトから二五〇ミリシーベルトに引き上げる省令改正を行いました。放射線審議会は半日のメール審議で「妥当」と答申していますが、数値の説明は不十分であり、上限値引き上げという結論ありきだったことは否めません。「緊急作業」の内容やその対象者も限定されておらず、その後結果的に引き下げられたとはいえ、福島第一関連の作業は二五〇ミリシーベルトまで行える、というように、広く解釈されかねない状況にありました。

原発労働者の安全と健康のためには

今後も長期にわたると見られる福島第一の緊急作業。従事する労働者の安全と健康を守るために、何をなすべきなのでしょうか。

厚生労働省は専門部署を設置し、作業員の長期健康管理のデータベース構築に向けて動き出しましたが、関西労働者安全センターの西野方庸事務局長は、「長期健康管理のためには、法的根拠のない今の放射線管理手帳では不十分。労働安全衛生法による健康管理手帳の交付対象とすることを考えるべきだ」と語っています。

また今もって、万一の大量被曝への備えも欠かせないはずです。「事前に血液を作るもととなる自らの『造血幹細胞』を採取・保存することで、大量被曝時の救命につながる可能性が高まる」と虎の門病院血液内科の谷口修一部長は強く主張しています。採取は数日間で済み、大きな副作用はないとされ、この「谷口プロジェクト」は、国立がん研究センターや日本造血幹細胞移植学会などの専門医も賛同しています。国会審議でも谷口医師らの提案の採用を求め、たびたび取り上げられています。

ところが政府は一貫して「採取は不要」との考えを示しています。「十分な国民の理解が得られていない」「高線量被曝リスクはない」などとして、原子力安全委員会等が不要と判断しているというのがその理由です。これに対して、福島第一、第二の産業医として事故後も現地で診療を行う愛媛大学大学院の谷川武教授は、「高線量被曝はありえないなどというのは、現場を知らない議論。現地との温度差を強く感じる」と批判しています。

今後、作業員不足が懸念される中、厚労省は作業員養成の仕組み作りを経済産業省に求めていますが、いずれにせよ高度な技術者の養成には数年単位の時間を要します。当面は現役の作業員に頼るよりほかありません。

第一線を担う彼らの高い士気に報いるためにも、重層的な安全網の構築には、一刻の猶予も許されません。

シンポジウム
大震災・原発事故から浮かび上がった「非正規」という働かせ方の根本的問題

シンポジスト

寺間　誠治　全労連政策総合局長

風間　直樹　週刊東洋経済記者

楳本　光男　熊本県労連議長

久保田紗和　弁護士・ＮＥＣ重層偽装請負訴訟弁護団事務局長

コーディネーター

小野寺信勝　弁護士・ＮＥＣ重層偽装請負訴訟弁護団

小野寺　今回の三・一一東日本大震災については、放射性被害の問題や、国の電力政策、利権の構造、地域社会のあり方など、多様な問題を、われわれ、そしてこの国につきつけています。今回のシンポジウムでは、その中でも、特に労働、その中でも「非正規」の労働について、この震災を通じて、われわれはどうやって考えていくべきかについて、このシンポジウムで意見を交換したいと思っております。

NEC重層偽装請負訴訟提訴1周年記念シンポジウム
大震災・原発事故から浮かび上がった「非正規」という働かせ方の根本的問題
記念講演
迷走する巨大企業の正体
東京電力・労働者の実態
風間　直樹（週刊東洋経済記者）

今回の震災では、被災地だけではなくて、全国の雇用にも大きな影響を与えました。また、全国的にも、正社員が原則であった雇用形態から、非正規が原則になろうかという状況にあります。そこでまずはじめに、全労連の寺間さんから、この非正規労働に対して、どのような取組みをされているのかということについて、ご発言をいただきたいと思います。

非正規労働にどう取り組んでいるか——寺間誠治（全労連政策総合局長）

この国の労働者、とりわけ「非正規」の労働者の状態はどうなっているのかと。全労連は、日比谷の派遣村以来、全国で派遣村のような相談活動を行ってきました。二〇一〇年一年間に全労連に寄せられた相談、また各県労連が受けた相談を含めますと、全国で四八二ヵ所、相談件数は八七五七件でした。これは大変多い件数なんですが、実は問題は、そのうちの九九八件（一一・四％）が、直ちに生活保護の申請をしなければならない相談内容だったということなのです。みなさん方も労働相談を受けられたことがあると思うのですが、かつては私たちが受ける相談というのは、賃金未払いや解雇や雇い止めといった労働基準法にかかわる相談が多かった。もちろん今もそれが一番多いのですが、しかし、解雇＝生活保護を受けなければならない労働の実態、生活の実態、これをいったいどう考えたらいいのか、ということなんです。弁護士の先生方も労働弁護団の一員として、労働法の勉強をしている、私たちも相談活動を通じて、労働法の事を一生懸命学んできたわけなんだけれども、実はもっと社会保障法の分野などを学ばなければ、相談に応えられない。そういう実態があらわれてきているという事実がある。まさに働きながらの貧困、ワーキングプアというものが、労働法の根本的価値基盤をも揺るがす。そういう事態にあると思うのです。

三つの偽装

そのことをふまえた上で、三つの「偽装」について申し上げたい。「偽装請負」「偽装雇用」「偽装管理職」の三つです。私、今日朝一〇時から、佐賀駅前を出発した玄海原発に反対する行動がありまして、シンポジウムで九州に来ることになっていましたので、朝一番で、佐賀県労連のデモに参加をしてきました。その時、九州電力のやらせメール問題についてみんなの怒りが頂点に達していました。民意を偽装する九州電力の手口。電力会社は本当に、なんというか「偽装集団」と言ってもいいような企業になっています。

寺間誠治さん

そこで、一番目の偽装ですけれども、二〇一〇年五月三一日付『東京新聞』の「『名ばかり専門職』放置」という記事で、派遣労働というも

表　専門２６業務（労働者派遣法施行令）

① ソフトウェア開発	⑮ 建築設備運転、点検、整備
② 機械設計	⑯ 案内・受付、駐車場管理等
③ 放送機器等操作	⑰ 研究開発
④ 放送番組等演出	⑱ 事業の実施体制の企画、立案
⑤ 事務用機器操作	⑲ 書籍等の製作・編集
⑥ 通訳、翻訳、速記	⑳ 広告デザイン
⑦ 秘書	㉑ インテリアコーディネーター
⑧ ファイリング	㉒ アナウンサー
⑨ 調査	㉓ ＯＡインストラクション
⑩ 財務処理	㉔ テレマーケティングの営業
⑪ 貿易取引文書作成	㉕ セールスエンジニアの営業、金融商品の営業関係
⑫ デモンストレーション	㉖ 放送番組等における大道具・小道具
⑬ 添乗	
⑭ 建築物清掃	

ののあいまいな定義が悪用されているということが書かれています。たとえば、神奈川県の赤十字血液センターに派遣されていた女性は、採血データをOA機器に打ち込むという本来の派遣としての業務、これが全体の三割しかなかった。あとは、みなさん方も駅前とかで見たことがあるのではないか思いますが、献血カーで呼び込みをする仕事、それから献血カーの掃除をしたり、受付をしたり、記念品を配ったりという、そういう専門業種とはほど遠い仕事をしているのに、実は、派遣労働を偽装している。また、全労連の組合で一緒に頑張っている、日産自動車に働いていた女性なんですけれど、この二九歳の方も事務用機器操作ということで派遣契約をしながら、実際の仕事は、電話応対やコピー、来客へのお茶出しでした。

これがいったいどういうことなのかということですが、この東京新聞の記事に「専門二六業務」についての解説が載っています。派遣労働というのは、本来非常に専門的な知識が必要で、それを専門二六業務として、派遣労働として認められている。そういう専門業務でなかったら、三年間働いたら、正社員にする雇用義務が生じますよと、そう決まっているので専門業務を偽装する。この二六業務の中の「⑤事務用機器操作」は、パソコンを使う専門性というのですが、今はみんながパソコンを打っていることで、どこまで専門性があるのかどうか、よく分からない。それから「⑧ファイリング」というのは、何でしょうかねぇ。書類を仕分けして綴じるということも専門的だと。これらが、非常に偽装の多い業務になっていて、専門職だというけれども、実は名ばかりで、偽装だということが、非常に多いということです。これが、一番目の「偽装請負」です。

それから二つ目に「偽装雇用」です。これは、二〇一一年六月二四日付の『朝日新聞』の「あなたは労働者?」という記事で、「仕事に誇り、働き方に疑問」としてバイクメッセンジャーのことが取り上げられています。みなさんも街で見かけられたことがあるのではと思いますが、バイク便として、自転車、あるいはバイクで荷物を届ける仕事があるんですが、その人たちは実は労働者ではなくて、個人請負だと偽装している。この働かせ方が、いま、ずいぶん増えているということです。こういう働かせ方は「すき家」という牛丼屋でも見つかって、青年ユニオンで、これはおかしいということで闘って、裁判で全面勝利しました。

同じような偽装の雇用のしかたというので、音楽家ユニオンで八重樫節子さんという、新国立劇場で二期会合唱団員として活動されていた歌手の方が、一方的に契約を打ち切られた。合唱団と財団側が個人で業務を契約したにすぎないということで、労働組合の音楽ユニオンとして団体交渉を申し入れても、「八重樫さんは労働者じゃありません。個人事業主だ」ということで団交すら認めない。これも偽装をした契約です。ＩＮＡＸでも同じことがありました。

三つ目は「偽装管理職」です。二〇一一年六月一日付の『赤旗』、「店長は名ばかり管理職だ」という記事で、ＳＨＯＰ99というお店について書かれています。みなさん方のところにも、このお店があるでしょうか？　このＳＨＯＰ99で働いていて、青年ユニオンに入った清水文美さんという三一歳の男性は、「名ばかり管理職」だったということが、裁判で認められました。そして、管理職だから残業代は払わないと言ってきたことに対して、残業代約四五万円と、悪質だということで、賦課金二〇万円・慰謝料一〇〇万円計約一六五万円の支払いが命じられる闘いがありました。

つまり、企業のキーワードがまさに「偽装」だということを押さえておく必要があります。何か働き方について疑問に感じたら、労働基準法に照らしてどうなのか、労働契約法に照らしてどうなのか、労働組合に相談をして、弁護士の先生方に相談をする。疑問に感じる、そこから闘いが始まると、私は思いました。

二〇一一年六月一八日付の『東京新聞』〈こちら特報部〉は、「電力総連旗振り労使一体」を載せています。電力総連は連合の中核組合で、組合員二二万人を組織しています。内閣の顧問にも電力総連の元会長が入っているということもありますが、本工・正社員だけをユニオンショップ

第３回期日、熊本地裁前にて訴え（2010年９月27日）。

のもとに組合員化しているのですが、その七倍八倍の労働者というのは、実は「非正規」で、労働組合に組織化されないで、もっとも危険な仕事をさせられている。これはやはり、労使一体でそういうところに追い込んでいるんだという事実についても、よく見ておく必要があるなと思います。

ユニオン運動のルネサンス

そういうことを受けて、全労連がどういう運動をしてきたのか。ちょっと大げさな表現かなとも思いますが、私は「ユニオン運動のルネサンス」だと思っています。ただし、私が言い出したことではなく、これは呉学殊という労働運動の研究者が、厚労省所管の労働政策研究・研修機構発行の『日本労働研究雑誌』二〇一〇年一一月号に発表された「合同労組の現状と存在意義」で書かれている表現です。連合も全労連も個人加盟ユニオンの強化をすすめ、それに伴い、ナショナルセンターのユニオン数も組合員数も増加傾向にある。「まさに、合同労組のルネサンス時代を迎えているといっても過言ではない」と書いています。

今回の熊本のNECのみなさん方も、地域で誰でも入れるそういう労働組合に入って、ユニオンとしての闘いを展開しています。長く二千人三千人の段階が続いていた全労連のローカルユニオンですが、あのリーマン・ショックの後、一気に五千人以上の人が、全国でローカルユニオンに入って、今は一万人をはるかに超える人たちが、ユニオンで頑張っている。これは、裏を返せば、電機でも自動車でも、民間大企業の職場では、正社員だけをユニオンショップ協定で組織して、ある意味でそのメンバーの労働条件は守るけれども、今や生産の担い手の中心になっているのは、二倍三倍の非正規の労働者である。現に、液晶テレビでシャープのブランドを製造している人たちも、それは正社員だけで作っているんでしょうか。私は正社員の果たす責任は大きいとは思うけれども、同時に、生産を担っているのは、その何倍もいる非正規の人たちが、その製造物をつくっているという事実を考えたら、なんでその人たちが、組織化をする対象にならないのか、非常におかしいと思います。民間大企業の企業別組合というものが、排他性とか労使一体・協調主義であることへの社会的批判も受けています。

それに対して、ローカルユニオンは、自主的、また多様性の魅力、それからたくさんの人たちがサポートしています。そのことによって、ローカルユニオンはどんどん大きくなって、社会的影響力を強めているという事実があるんだと思います。それから、今青年たちは、ネットを活用したり、ネットを通じて社会的環境を分析する力を持っていますから、おかしいことはおかしいと、きちんといいます。青年労働者がそういうローカルユニオンにどんどん入っているということは、労働運動が新しい質を獲得していくきっかけにもなるのではないでしょうか。

最近の東京で行われている脱原発のデモをみても（全労連も七・二の明治公園での原発ゼロの集会を大きく成功させましたけれど）、なにか昔のようにたくさんのチラシを必死になって作って配るというよりも、ネット上の呼びかけで、あまりお金もかけずに、しかし自主的に集まってきて、七五〇〇人のデモが新宿での解散の時には、二万人になっていた。このような行動というのは、かつて経験してきたような、労働組合のある意味ではメーデー型の集まりとは違う、自主的で自発的で自律的な青年労働者を中心にした運動として進められてきている。そういうふうに分析ができるんではないかと思います。

そういう点でまさに、ユニオン運動そのものが、ルネサンスの時代を迎えているし、私たちは今回のNECの仲間をはじめとした、ローカルユニオンなどに結集している人たちをいかに支援し、その運動を社会的に広げていくのか、そのことが非常に重要であるし、われわれの任務ではないでしょうか。

小野寺　寺間さんからは、労働組合の立場で、大局的な話をしていただきました。続いて、同じく労働組合の立場で、特に熊本の労働組合の立場で、今回の震災で、九州や熊本で、どういった労働相談などが実際にあるのか。そして、熊本の非正規労働者の現状がどのようなことになっているのか。そのようなことについて、熊本県労連の楳本さんの方からお願いします。

大震災が熊本に及ぼした影響は――楳本光男（熊本県労連議長）

今回のシンポジウムを企画するにあたって、私はひとつのイメージを持ちました。それは、あれほどの想像を絶するような大震災が東北地方で起こり、東北地方の経済が壊滅的状況になっている中で、この影響は全国に波及し、熊本でもきっと、さまざまな形で悪い影響が出てくるだろうと予測をしました。特に雇用の面での悪影響が、かなりの形で現れるだろうと思いました。そういう問題意識で、さっそく労働局と熊本県を訪ね調査をしてみました。ところが結論から申し上げますと、結果は予想に反したものになりました。それは、ひとつは大企業・財界というもののしたたかさが浮かび上がる調査結果になったということ。それからもう一つは、労働行政・公務の役割が発揮され、雇用への被害を最小限にとどめたということです。そのことについて、これから具体的にお話したいと思います。

まず熊本労働局が、大震災が起こった三月一一日から五月二五日までの二ヵ月あまりの相談状況をまとめた資料があります（表）。労基署の特別相談窓口では、労働者からも、事業主からも「休業手当」に関する相談が一番多くなっています（①）。それから、ハローワーク（公共職業安定所）の特別相談窓口では、労働者では「求職」に関するもの、事業主では「雇用調整助成金」等の相談が圧倒的に多い結果となっています（②）。

表　熊本における3.11大震災の影響（熊本労働局資料）

①労基署特別相談窓口における相談状況（2011年3月11日〜5月25日）

	労働者	事業主
休業手当	8	6
解雇・雇い止め	1	2
安全衛生	0	0
労災適用	0	2
その他	–	2
小計	9	12

②ハローワーク特別相談窓口における相談状況（2011年3月11日〜5月24日）

	相談の内容	件数
労働者	求職	56
	雇用保険	14
	職業訓練	1
	その他	4
	小計	75
事業者	雇用調整金・休業・出向	100
	求職者給付の特別処置	1
	企業整備・解雇	3
	その他	11
	小計	115
	合計	190

③被災者求職状況（2011年3月11日〜5月24日）

被災者旧住所	求職者数
福島県	21
宮城県	5
茨城県	4
栃木県	3
岩手県	1
千葉県	1
東京都	1
神奈川県	1
計	37
就職者数（職場復帰を含む）	11

楳本光男さん

私の知り合いに、大津町のオムロンで派遣社員として働いている女性がいるのですが、その彼女から相談を受けました。内容は、東日本大震災によって、部品が入らなくなり、ラインが止まる。その結果、四月の一ヵ月間は休業するということで、六割の賃金保障で休んでくれと。それでは、食っていけないだろうから会社はアルバイトは認める。これが違法ではないのかという相談でした。当然合法の範囲内ですので、そのように対応しましたが、今回の大震災で、熊本で一番大きかった影響というのは、そういう部品の調達ができないことからくる大企業の休業ということでした。データからも、実際の相談からも一番の特徴として表れていると思います。

次に、実際に東北で被災をされた方が、家族・親戚や知人をつうじて、どれくらい熊本に来られ、求職活動をされたかという資料です（③）。熊本県全体で三七名の方が東北から来られて労働局を訪ねています。次に、東北地方に就職が決まっていた方、または震災の影響で、学卒者の内定取り消しがなかったかどうか心配しました。結果は、六名の方が入職時期を繰り下げられたけれども雇用は保たれたという結果です。

リーマン・ショック以降の、中小企業による雇用調整助成金や中小企業雇用安定助成金の計画届や支給申請等を見てみます。雇用調整助成金というのは、中小企業・大企業も含めて、企業の業績が芳しくない時に、従業員を解雇させないために、不況の影響を受けた企業を救済する、厚労省が設けた直接支援の制度です。リーマン・ショックが起こったのが、二〇〇八年の九月でしたから、それからしばらくの間、休業計画届や支給申請数がグッと増えているのが分かります。その後、二〇一〇年に入って、だいぶ数字が落ち着いてきていました。しかし、震災後の二〇一一年の四月に、また数字が一気に跳ね上がっているのがわかります。

労働局安定課の課長さんもおっしゃっていたことですが、事業主の方がだいぶ上手にこういった制度を使われるようになったと。私たちは県労連として、中央省庁で政府交渉をやりますが、経済産業省（原発の管轄省ですが）に対して、いつも中小企業支援、特に直接的支援の要請を強く求めます。しかし、経産省の回答は、どんなに強く求めても「融資」止まりです。直接支援は口にしません。そういった意味で、リーマン・ショック後、さらに今回の震災後、厚労省はこういった直接支援をする制度を、いろいろと工夫してやってくれています。東北での雇用は別として、こうした公務の現場での努力が全国で雇用を守っている側面がとても大きいということが、今回の調査で明らかになりました。

このように震災以降、厳しい経営環境と雇用環境であることに間違いはないけれども、国の制度によって、また現場の努力によって、どうにか中小企業の経営が守られ、労働者も解雇や雇い止めをされることなく、どうにか雇用が継続されているということだと思います。

熊本県は「東日本大震災に係る県内経済への影響等について」をまとめています。農林水産業なども含まれています。この大震災の熊本県経済への影響を簡単に言葉として表すならば、「三月一一日に震災が起こり、三月・四月はさすがに混乱をした。けれども、わずか一ヵ月で大企業は元の状態に完全に戻った」ということです。

東北宮城の「ソニーが事業縮小・大量解雇へ」というチラシがあります（発行は、塩釜春闘共闘会議ソニー労働組合仙台支部）。これは、ボランティアで現地に行かれた方が、現地で労働組合の配っていたチラシを持ち帰られたものです。東北地方では、ソニーのような大企業によって、大量の期間工切り、そして正社員は遠隔地転勤、断ればクビということが平然と行われています。

その一方で、西日本はどうかというと、熊本でも、この五月から、大企業、特に自動車・電機はフル操業です。NECセミコン、今はルネサスですけれど、五月のゴールデンウィークも休まずにフル操業でした。先ほど紹介したオムロンの知り合いの相談も、今では残業増に関する相談に変わりました。新聞報道でも紹介されていましたが、自動車の業績はいま「絶好調」だそうです。

みなさん、どう思われますか？　日本の大企業は、あの未曾有の被害をもたらした大震災をもってしても、東北は早々に見捨て、わずか一ヵ月で、以前にも増して「絶好調」という状況をつくり上げている。結局、この国の財界・大企業のあり方というものは、震災前から何も変わっていないのではないでしょうか。リーマン・ショック以降、国民的批判を受け、行政等でさまざまな手だてを立て、雇用のあり方そのものの追及もされました。しかし、労働者派遣法の抜本改正の問題も、まったく進まない。大企業は雇用のあり方も含めて、なんの変化も反省もなくも構造改革路線を押しすすめている。「震災後」の状況は、そのことを明らかにしたのではないでしょうか。

同時にこのような中で、地方での「解雇」や「雇い止め」が、最小限に留まったということは、この間の労働行政の努力が、国民に寄り添うかたちで、まじめに行われていたということを証明しているといえます。震災復興で、自衛隊ばかりが脚光を浴びますが、全国の国家公務員・地方公務員のみなさんが、現地に大勢入り、地元住民の生活基盤確保のために、並々ならない努力をされ、復興に貢献しているということを、マスコミは全然報道しませんけれども、国民は知っておくべきです。

震災の熊本県への影響ということをまとめますと、行政の努力で最小限の被害で、「非正規」の雇用も含めてどうにか守られた。しかし、膨大な内部留保を貯めこんでいる大企業が、震災を機に、企業の社会的責任はおろか、逆にさらなる利益を積み上げようとしている姿が浮き彫りになったということだと思います。最初の発言では、そのことを強調しておきます。

小野寺信勝さん

小野寺　楪本さん、ありがとうございました。続いて、先ほど記念講演をしていただきました風間さんにご発言いただきたいと思っています。二点について質問がきています。まず一点目が、「先ほどは主に東京電力の労働者のお話をしていただきましたが、今回の震災が、全国の雇用に対して、どういった影響を与えたのか」ということ。つづいて、「現在の非正規労働が増えているという流れがどのように進行していったのか」ということ、この二点について発言いただければと思います。

全国では——風間直樹（週刊東洋経済記者）

今いただきました二つの質問に対して、お話をさせていただきたいと思います。

電力労働の非正規化の歴史

先にまず、二番めの質問の、なぜ非正規雇用というものの比率がどんどん増えてきたのか、ということについてお話しさせていただきます。先ほどの話の流れでいきますと、電力の業界でこれだけ「非正規」比率が高まった。この業界をみることで多くの大企業で取られた手法をうかがい知る事ができます。戦後当初は、電力業界も他の産業と同様、例えば東京電力なら、東電の社員が、さまざまな現場の業務まで担っていた時代というのが、実は結構長く続いたのです。今日お配りした記事にも、少しだけ触れているのですが、戦後、しばらくの間は正社員中心主義、いわゆる「本工主義」の労務体制だったわけです。ですが、一九六〇年代に入って、まず配電工事部門、ここから請負化が始まりました。

この件について詳しい昭和女子大の木下武男先生から教えていただいたのですが、実際にこの六〇年代は、いわゆる電柱に登って作業をする柱上変圧器や建柱作業も実際に東電の社員が行っていたという時代でした。これが結構な危険業務なのですが、東電の社員が作業中に感電死で亡くなってしまうという事故がありました。そうした中で、先ほど寺間さんからも指摘がありましたけれども、東電の労組からクレームがつきました。こうした社員の感電死を労災の観点から問題視したわけです。その結果、東電経営陣はこうした危険業務を次々と請負化、つまり外部化することで乗り切ろうとしました。現場に危険業務は残りますが、それは東電社員からは切り離されていきました。同様の「外部化」が原発労働でもなされていった。そうした結果として、正社員の五倍の下請労働者が、原発で第一線の危険業務に当たるということになっていったわけです。それが、原発労働の非正規化の歴史です。

風間直樹さん

違法行為の制度化

他の産業についても触れて、話をすすめたいと思います。私は長らく製造業、特に電機業界の取材を重ねてきました。この業界でも、幾度かの契機がありまして、請負化・外部化がというものがどんどんすすみました。もともと戦後長らく、今日のテーマでもあります請負という形を装うが実際は派遣である「偽装請負」という違法行為がこの業界でも横行しておりました。その一部を合法化したのが一九八五年に成立した労働者派遣法でした。派遣法のなかった時代というのは、労働者供給事業というのは、刑事罰がある職業安定法違反であったわけですが、今の大手派遣会社になるわけですが、事務処理サービス業というような巧妙な名前をつけて行っていた。その行っていたことは、彼らも認めているように明らかな違法行為だったわけです。

それに対して違法行為を取り締まるべく、バシバシと刑事罰を科したかというと、実はそうではなくて、逆に、これだけ広まってしまったわけだから、これを制度化して表に出そうとしたのが、当時の労働行政だったわけです。囂々たる批判がある中で、最終的に当時の労働省は派遣法を制定してしまったわけです。ただし、当初は派遣業務というのは、それ以前に違法であったものを合法化させるという話ですから、実際抜け穴はいっぱいあったけれども、当初はこと形式上は対象業務を非常に限定的なものとしていました。しかしその後、年を追うごとに対象業務を拡大していって、一九九九年には原則自由化されました。もともと派遣は原則禁止、ただし例外的に認められた業務のみ認めるという考えだったものを、原則と例外を大逆転させました。そして、なお禁止されていた製造現場への派遣も二〇〇四年に解禁されたわけです。原則禁止から原則自由への流れ、そして製造業への派遣、どれも当初の派遣法の制定時と同様、現実が進んでいったものを後追い的に認めていったということができると思います。

そういう経過の中で、何度か大きな波がありました。九〇年代の後半、バブルがはじけて景気が冷え込んだわけですが、その中でも九七〜八年に半導体の産業が大打撃を受けて、正社員のかなり激しいリストラがあったわけです。ここ九州でも多かったと思います。その後、二〇〇〇年代の初頭にＩＴバブルが起こり、人がいる、人を雇うということが必要になった時に企業はどう動いたか。正社員ではなくて、当時はまだ製造現場への派遣が禁止されていましたので、違法な偽装請負で、労働者を補っていった。イリーガルな非正規化が進められました。その後、このＩＴバブルもはじけまして、パナソニックやソニー等の家電の分野でもリストラが行われました。それで、その穴を埋めたのも非正規労働者でした。その後、二〇〇〇年半ば以降、いざなぎ景気超えといわれる回復期を迎えるわけですが、偽装請負を使うしかなかったそれまでとは異なり、製造業にも派遣法が解禁されている訳ですから、大手を振って、メーカーは派遣労働者を使うようになった。ということが、私の把握しているここ最近の非正規化の現状です。

被災地でのすさまじい震災の影響

もう一点与えられたテーマでありますす、震災が今回の雇用に与えた影響ということですが、先ほど楳本さんからお話がありましたとおり、全国的に現段階ですさまじい影響が波及しているという実態は、私も取材をとおして、把握しております。

被災地の雇用状況をみると、まず現地にはまっとうな仕事は当然のことながらありません。がれき処理や建設関連など短期単発の単純労働が目立つぐらいです。たとえば岩手での一例をあげますと、被害を受けた沿岸部というのは、もともと工場がない、働く場がないという地域です。従来からあまり求人もないわけで、それに輪をかけて、求人数も減っているという状況です。それでは、リーマン・ショックの時の「派遣切り」のようにハローワークに若い人たちが押しかけて来る状況かというと、意外にも一見、そうではないのです。実際ハローワークは静寂に包まれているというような状況でした。ただ、これにはカラクリがありまして、ひとつは失業保険です。失業保険の給付が始まっていまして、そこでなんとか食いつないでいるというのが実情です。また同時にこの地区の人たちというのは、仕事がない中でも歯を食いしばって残って住み続けている。先祖伝来の土地で、離れられないという人たちが大変多い地域です。なんとか当面は、蓄えや失業給付で食いつないで、復興を待ち、地元で新しい職に就けないか、そういう人たちが、どうも大量にいるということです。そのように現地では言われています。

ただ、現地の産業を取材しますと、これはもう壊滅的な状況です。もともと産業基盤が強くはない。水産加工業が盛んなところで、非正規も含めて、雇用を支えていたのは、こうした水産加工業だったんです。これが、大津波によって港という港がすべてやられてしまったわけです。私も岩手県沿岸部の被災地をくまなく取材して回ったのですが、まだまだ復興には時間がかかりそうです。特に道路の復旧に比べて、港や水産関連の産業の復興というのはまだまだかかるという状況です。給付の延長こそなされましたが、はたして雇用保険でいつまで支えられるのか、被災地の雇用状況はいまだ予断を許しません。

小野寺　つづきまして、久保田弁護士にご発言いただきたいと思っているのですが、まず、そもそもの問題として、偽装請負というものの何が問題なのかということを、法的な側面からお話しいただきたいということ。前提知識として、請負と派遣の違いはどういった点にあるのかという質問を受けていますので、あわせてこちらのご報告をいただけたらと思います。

偽装請負の法律問題——久保田紗和（弁護士）

まず請負と派遣は何が違うのかということですけれども、これは法的には明確な区別があります。まず、請負というのは、業務委託あるいは請負というと、そこに労働者に対して指揮命令ができるのが誰かというと、いわゆる業務を受けた方の会社の使用者ということになります。つまり請負会社の労働者という形になりますので、本来、労働者はそこの指揮命令に従うということになります。委託先、あるいは、請負をお願いした発注者は、労働者に対して指揮命令はできないということになります。一方、派遣というのは、間接雇用といわれるもので、別の会社が雇った労働者を受け入れて、自分の会社の指揮命令下で働かせるというものです。ですから受け入れた会社が指揮命令ができるという、これが派遣の定義となっています。

久保田紗和さん

ここが、請負と派遣の明確な違いということになります。

では、偽装請負というのが一体何かということですが、請負という形は装うんだけれども、実際には派遣というものです。ＮＥＣセミコンの場合はそれが重層的になっていますので、派遣というよりもいわゆる労働者供給、単純に労働者を送り込むだけということです。こういったことが偽装請負です。これはもちろん労働者派遣に形式的には該当するということで派遣法違反ということにもなります。労働者供給と戦後から厳しく禁止されてきた労働者供給にあたるということで、違法ということになります。法的にどういう問題があるかということでいえば、要するに違法なんです。

違法であることに間違いはないのですが、もっと問題なのは、どうしてこうした違法が横行してしまったのかということです。いろいろな社会的な背景というのはあると思うのですが、法的に見たときに、こういった雇用形態、労働者供給については昔から違法ということなんですが、派遣を含めたこうした間接雇用を、法的な枠組みをなしに、どんどん拡大をしてきたということです。当初、派遣を専門業種に限ったという意味は、専門業務に限るのであれば、そこの派遣元会社の労働者が、派遣先から買いたたかれることがないということを労働法として保障する、そのために専門業務に限るということだったのですが、これが一九九九年に原則自由化。そして二〇〇四年の製造業への解禁で、ほぼすべての分野で労働者派遣を認めるということになってしまった。

そうすると、結局、派遣元会社が仕事を受けないと仕事として成り立っていかないということになるわけですから、これが競争原理にさらされるということになりますから、当然のことながら、安く買いたたかれていくということになります。専門性をもってそれに対峙するということができなくなりますから、結局買いたたかれていく。そして製造業派遣にまで解禁ということに

厚労省に要請（2009 年 11 月 9 日）。

なりますと、いわゆる常用労働者に代わる使い勝手のいい労働者を派遣法が作り出してきたということが、実際にはあるわけです。

違法でも労働者は救済されない

それで実際にこれによって法的に労働者というものがどうなるのかということです。違法派遣とか偽装請負、労働者供給が起こった時に、労働者はいったいどうやって保護されるのかということで、法制度をみるわけですが、実際に労働者を保護をする法律がほとんど何もない状態なんです。例えば、労働者派遣法についていえば、派遣期間というものが定められていて、ある一定の期間そこで働けば、使用者側は直接雇用を申し込まなければならないというふうに書いてはあるんだけれども、もしも、申し込まなかったらどうなるんだろうかということですが、国の法制では、この条項を根拠に直接雇用を認めるという風にはなっていません。それから、偽装請負や労働者供給については、まったく無法という状態です。

今回、NECセミコンの問題で労働局に偽装請負を申告して、労働局の方から是正指導が出ているのですが、それで労働者がどうなるのかといえば、結局ほったらかしの状態になるわけです。結局労働局というのは、適正な派遣、あるいは適正な請負にしなさいと言うだけで、こと労働者ということに関していえば、労働者を保護する規定はないということです。本来は、こうした法制度をきちっと整備しながら、進めていくべきところを、労働者保護については置きっぱなしで進めてきてしまったという歪みが、本当にいま日本中に蔓延してしまっているということになると思います。

それで現実的には、今回のNECセミコンの問題のようなことが起これば、結局、裁判を起こすのか、それとも泣き寝入りをするのか、この二択を迫られるというのが現実です。ところが労働者というのは賃金がなければ生きていけないというのが、最大の特徴ですから、今回のように解雇をされてしまうと、生活自体が成り立たない中で、裁判闘争を実際にやっていけるのかというと、大きな勇気と、まわりからの支えがなければ、とてもやれるものではありません。ですから、多くの人が泣き寝入りをしているのが実態です。こうした問題が社会にまったく見えてもこないというのが実際です。

直接雇用、均等待遇の原則に立ちもどって

こういった問題が、今後、元々のところに立ち戻るということになれば、どこを改善していけばいいのかということになるんでしょうが、やはり、そもそも雇用というものが直接雇用が原則だということに立ち戻る、そして派遣法をあまりにも無作為に進めてきたことも元に立ち戻る。かなり思い切った形で変えていかなければならない。そして、使用者の側に違法行為が認められた時には、直接雇用を義務付けるというような形もとらなければ、是正指導を受けただけでは、痛くも痒くもないわけで、今回のNECセミコンもそういう態度をとっているわけですが、ここをきちっと責任を取らせるというような方向に変えていくことが大切だと思います。

それから、偽装請負や派遣という間接雇用の問題として、給与の問題が重要であると思います。同じ業務に従事しても、賃金に相当の格差がある問題があります。ここには中間搾取の問題がつきまとうということになります。特に今の派遣法の問題、あるいは偽装請負もそうでしょうが、結局、発注者と受ける業者の間の契約に、規制というものがほぼ何も為されていない。だから、安く買いたたかれてしまうという現実があります。結局不利益を被るのは労働者でしかない。今は最賃法で守るくらいの手立てしかないわけです。均等待遇の課題でも、「非正規」という部分では忘れてはならないことで、何らかの形で義務化をしていくことが重要だと思います。そういうことまで含めて、今後、この問題を考えていくべきだろうと思います。問題点ということからは少し外れているかもしれませんが、発言としたいと思います。

小野寺　会場からの質問です。「一般のメディアから出てくる情報は、事態を小さく小さく見せようとするものばかりです。……過去の犠牲を活かせないのは、どうしてでしょうか。また、活

かすためにはどういった対応が必要でしょうか」。メディアに関する質問ですので風間さんにご回答いただきたいのですが、

脱原発、反原発が長続きしなかったのは?——風間直樹

なぜ、過去に学ばないのかということについてですけれども、私は「日本『原発大国化』への全道程」という記事を書きましたが、これは、先ほど紹介しました原発労働の問題とともに、いろいろと取材をして書いたニッポン原発史です。日本で原発政策に対するいわゆる反原発運動がなかったのかというと、みなさんもご存じのとおりそんなことはありませんでした。その運動が最高潮を極めたのが一九八六年のチェルノブイリ原発の大事故の時だったわけです。実際にどういう形で運動が行われたかというと、放射能汚染に対する主婦の皆さん、特に子どもを持つ主婦の皆さんを中心とした市民からの反原発運動でした。残念ながら労働組合というより、むしろ、そういう市民運動が中心となって脱原発の運動がたかまったわけです。ここまでは、非常に活発に運動が起こりました。ジャーナリストの広瀬隆さんの『危険な話』が主婦層を中心に読まれ大ベストセラーになる、それが、八〇年代後半の状況でした。当時、脱原発法制定運動という市民運動が起こりまして、三五〇万という署名を集めて、国会に提出されました。現在起こっている脱原発運動とも通じる活発な運動がありました。

しかし、これが長続きしなかったのです。政府が、これは今も同じですけれど、火消しに躍起

になったわけです。一九八〇年当時はもちろん、原子力基本法が成立した一九五〇年代から政府は原発の宣伝を必死にやっていました。それこそ、ウランが身体にいいというようなことが、まことしやかに言われていた時代があったのです。今では信じられない話ですが……。一九五〇年代当時、ウランを入れたウラン風呂とか、畑にウランを蒔くと身体にいいウラン野菜ができるとかいう、笑い話のようなことが、本当にまことしやかにいわれていました。そうした原子力というものが光り輝いた時代が、一瞬、あったというのも事実です。

実はその〝好機〟に、国と電力会社が一体となって大規模な原発用地を押さえて、立地反対運動が始まった六〇年代半ば以降は、その用地に細々と増設を重ねていったというのが実際の原発政策でした。ですから、ずいぶん早いうちから、日本では原発が厳しい目でみられたというのも事実です。

そういう意味で、脱原発・反原発運動が長続きしなかった要因として、マスコミ・マスメディアの問題がありますことは否定できないと思います。これはたんに電力会社からたっぷりと広告をもらっているから書けないという単純な話ではありません。読者ニーズという大義名分の下、おかしな方向へ議論をリードしていって、結果的に問題の所在を不明確にしてしまうという罪を犯しているのではと感じます。

たとえば、「事態を小さく小さく報道する」という話でしたが、これは必ずしも今回、原発事故に起因するすべての事に対して、メディアがろくに報道しないかというと、実はそうではありません。一例を申し上げますと放射能汚染の話です。結構、ちゃんとしたと一般的に思われている雑誌ですが、放射能汚染マップを毎週毎週掲載し、ここが危ないとかいう報道を繰り返していました。私は、基本的にジャーナリズムの仕事として、警鐘を鳴らすことが必要と思うわけですけれど、さすがにやりすぎではないかと思いました。それが高じて、公然と福島では奇形児が生まれるなどと報じるに至りました。これではいわれなき差別を煽るだけです。他方で、本日私が話したような原発労働の実態などはなかなか報道されない。どんどん厳しくなっていく、答えを見いだせない難しい問題ですが、こうした事は報じられない。

チェルノブイリ事故の時もそうだったのでしょうが、一方ではむやみに危機を煽り、差別を助長するような記事が書かれ、その一方で、本当に伝えるべき肝心な事は報じられない。こういう二極化がすすんでいると思います。これは当時も今も変わらない課題だと思います。広告うんぬんよりももっと深いところで深刻な二極化が進んでいるということこそが真の問題だといえます。

小野寺　他にご質問としては、労働基準法違反や、今回の健康を破壊するようなことについて、刑事的な手段で、止めさせることはできないのでしょうかということ。また、原発作業員に健康被害が生じたときに、会社の管理責任というのはどうなるのかという質問をいただいています。久保田弁護士の方からご回答いただきたいと思います。

東電の刑事責任は？――久保田紗和

まず、管理責任の問題からお答えします。これは本来、立証するべき問題と思うのですが、先ほど風間さんからお話がありましたように、七次八次下請という問題があります。これはやはり偽装請負的な働かせ方の中で最大の問題は、使用者責任を誰が負うかというところ、ここが問題だといえます。おそらく今後、労災の問題も含めて、健康被害の問題が出てくるのだろうと私たちも思っています。いま全国の弁護士も同じ認識になっています。では本当に、東電に管理責任を問えるのかどうか、これはこれからの大きな課題になると認識しています。実際には、間に入っている会社に管理責任を問える能力があるのかといわれると、下にいけばいくほど、そういう能力もないと認識しています。労災の問題と、そこで実際に働いていたかどうかという事実についても、明らかにしなければならないようなこともたくさん出て来ると思いますので、きちっと事実を勝ち取っていかなければならない課題ととらえています。

それから、刑事責任の問題についていえば、もちろん放射線をまき散らしたなど法律に反する点があれば、そうした形で対応できるんでしょうが、具体的な損害や健康被害を生じさせたことについて、いわゆる業務上過失とかいう話になるのかどうかという事については、今の私の頭では、きちんと構成していけるのかどうかということで、いま簡単にお答えができないというのが率直なところです。

非正規化に抗して

小野寺　最後に、この震災に対して、もしくは非正規労働者化がすすむ現状に対して、日本としてどのような政策を取るべきかということについて、シンポジストの方から一言ずつお願いします。

寺間　全労連が出した政策提言に沿って、ごく手短にお話したいと思います。二つの提言があります。一つは、東日本大震災からの復旧・復興に向けた第一次提言なんですが、これは本当に分かりやすい言葉で書いていますので、読んでいただきたいと思います。

原発廃止への具体的プロセス

若干難しいのは、二つめの提言なんです。これは、原発への対応についての全労連としての提言です。一ヵ月以上の議論をしてきまして、専門家の助言も受けながら、案として提起したものですけれども、いろいろなご意見があると思うのですが、私は、原発廃止へのプロセスが必要であると思い、一番目の提言として、新規建設の計画を中止すること。これはおそらく、圧倒的な多数の国民の合意が得られると思います。二つ目は、浜岡原発の運転終了です。これは、菅総理の直接の指令ということで、運転が中止されています。活断層の真上に建っている静岡の浜岡原発を直ちに止めなければならないというのは、当然でありますので、これも廃止の方向を提言しました。

三つめはプルサーマルです。全国でプルサーマルの商業運転は四つあるのですが、福島第一、高浜、井方、玄海の各三号炉です。この長崎の原爆のために考えられたという、危険なプルトニウムをつかった原発をどう止めさせるのか。だいたいプルトニウムの半減期が二万四千年というのは、さかのぼれば人類が生まれたネアンデルタール人の時代ですから。こんな危険なものを使ってやる原発など、世界中のどこもやっていません。アメリカもドイツも止めました。これは直ちに止めるということを、もっと強く主張することが必要だと思います。

四つ目は旧型原発の終了を提起しました。玄海の一号機もすでに三五年以上経っているでしょうか。こういうものが今も動いている。だいたい三〇年以上の原発が動いているような国は、もともとありません。そういうことを直ちにやめさせることで、いくつかの時期を区切って提起して、国民的合意ができるような提案になっていますので、ぜひ原発の廃炉へのプロセスを考えていただきたいというのが第一にあります。

それらをふまえて、私が大事と思っているのは、われわれ自体の働き方、ある意味では文化や文明のあり方、そういうことへも繋がってくる、いま企業に強制されている二四時間型社会をどう考えるのか。みなさん方、海外へ旅行されて、例えばドイツで、土曜日や日曜日に開いている店がなくて、大変びっくりしたというようなことがあるかもしれません。これだけ二四時間、延々と働いて、煌々と電気が点いている国、やはり日本は異常だということを、きちんと押さえる必要がありまして、日本経済や社会・政治のあり方をどう変えるのか、われわれ自身の働き方や暮らし方にも関わってくる問題であり、ぜひ考える必要があると思いました。

NECの重層偽装請負訴訟を反転攻勢の一歩に

その点でも、働くルールをどう確立するのか。私、ひょっとしたら最高裁松下PDP判決をひっくり返す端緒に、この熊本のNECの重層偽装請負の裁判がなるのではないかという予感がしました。これまで裁判所は契約の形式を重んじて、請負の問題を判断してきたために、音楽家ユニオンの問題もINAXの問題も、全部高裁で負けてきたのです。しかし、この二〇一一年四月の最高裁判決は、それを全面的にひっくり返した。なぜ、ひっくり返したのか。それをひと言でいうと、松下プラズマのような法契約形式だけで判断したのではなく、現実に八重樫さんが、新国立劇場に年間二〇〇日以上通勤してレッスンし、公演をしていた。そして二三〇万円くらいの、ある意味では労働者の賃金、低い賃金ですけれども、そういう年収で働いていた。INAXの水回りを修理している建交労の組合員・カスタマーエンジニアと呼ばれるのですが、その人たちも、契約そのものは個人の請負契約にさせられていたけれども、最高裁は実態をみて労働者と判断した。INAXの本社から、いついつどこに行きなさいと言われて働いている、実態をふまえて判断したのです。

そういうことでいうと、私は、今回の熊本NEC裁判では、実態としてどうだったのか。三人の働き方をみて、今回の最高裁の二つの裁判例をみながら判決を下すとしたら、PDP判決をひっくり返す可能性は、おおいにあると思います。私は、そういうことひとつひとつを通じて、先ほど久保田先生が裁判で勝つか、それとも法律そのものを変えるかということをおっしゃったけれど、熊本でまず裁判で勝って、派遣法を抜本的に改正させる。その展望があるのではないかと、それなりの根拠のある話として申し上げて、発言とします。

小野寺　ありがとうございました。つづいて、熊本県労連の楳本さんお願いします。

楳本　この大震災によって、行方不明者を含めて二万七千人を超える方の大切な命が奪われています。そういう中、いま、日本国民全体が、いのちの問題、安全・安心の問題について関心が集まっていると思います。そういう状況下で、すべての問題について、その根本から考え直す必要があるのではないか、ということを、最後に訴えたいと思っています。その場合に、私たちがいつも何を頼りにするかといえば、それはやはり憲法です。憲法に照らしてこの国のすべてを点検するべき時だと思います。さきほど公務の役割の問題を言いました。いま、地域主権改革という名で、憲法に基づき、憲法を実践するために存在する国家公務員というものの役割を、地方に移してしまおうとする国の動きがある。国のあり方を変えてしまう、このことは何としても阻止しなければならない。震災復興のために、今こそ、公務員のみなさんには頑張ってもらわなければならないというこの時に、公務員賃金削減などという、まったく逆のことを政府はやろうとしている。これは、大問題だと思います。

それから、日常的に労働相談を受ける中で、この国の若者たちがいかに労働法を学ばずに学校を出ているのかという問題を痛感します。そして、技術と知識を身につけたプロの働き手を生み出していく基礎を学ぶのも、学校の役目だと思います。しかしいま、学校の中で労働法はまったく教えられていません。労働基準法で労働者が守られていること。さらに、労働組合法で、身の回りで起こるトラブルは労働組合で解決しなさいよ、と憲法と法律は言ってくれているのに、そのことも学校では教えない。労働組合に対する誤解もある。こういう基本的なことも、この震災を機会に、すべて問いたいという思いでいます。憲法に基づく法律はわれわれ国民を守ってくれるための法律です。その憲法の中で唯一規定されている団体といえば、それは労働組合しかないということ。労働組合とはそういう存在であることを強調したいと思います。さらに、いまローカルユニオンという一人でも入れる労働組合があるということも知ってもらいたい。

それからさらに強調したいのは、社会保障の問題です。いま、NECと同様、全国で裁判闘争をやっているところがたくさんあります。闘争を続けながら、生活を保っていくことは本当に困難です。そうした中で、原告が生活保護を受けながら裁判闘争をやっているところが、熊本も含めていくつかあります。しかし、生活保護申請をしてみて分かったことですが、この国の生活保護制度というものが、いかに使いにくいものか、そのことをいま、思い知らされています。昨日・一昨日といのちネットで政府交渉をしてきたのですが、生活保護はこの国の最後のセーフティーネットであるはずです。生活保護を受けられなければ、いのちが途絶えることを覚悟しなければならないその制度が、受けるために、行政からどれほどのプレッシャーを受けなければならないか。「求職活動をしないとダメ」「自動車を持つとダメ」「贅沢はダメ」おしまいには「生活保護を受けながら裁判をするなんて……」。最後の砦であるはずの、生活保護が本当に、使いにくい制度になっています。この国の社会保障に対する考え方は、今、憲法に背を向けています。これは、大問題です。

いのちと向き合うことを、今回の震災は提起してくれました。私たちは、働くことをとおして生きています。その意味で、ＮＥＣの問題をとおして、生きることと働くことを具体的に憲法をとおして点検しなければならないと思います。地域で経済が回っていくようなルールある社会をつくる。全労連が提起しているディーセントワークを実現することが重要です。今日のシンポで、みなさんのお話を聞きながら、そういう憲法の生きる社会の実現に向けて、労働組合の役割として改めて認識することができました。ありがとうございました。

小野寺　では、久保田さんお願いします。

久保田　今日のシンポ、福島の現場のお話を伺い、非常に勉強になりました。福島の問題に限らず、健康被害の問題として、労働者と地域の住民の問題として、この被害が現実化してくるのは、まだ先の問題だと思います。ガンであるとか、どういう病気としてあらわれてくるのか、そう

第４回期日の後、街頭宣伝に立つ荒木正信さんと柴田勝之さん（2010 年 12 月 13 日、熊本市・下通パルコ前にて）。

いった問題が出てくれれば、長期のスパンで見なければならない問題だと思います。あわせて、おそらく労災などの紛争という問題があると思っています。そういった意味では、日本国民が長期的に見守り監視をしていく、そこで国のあるいは企業の労働者に対する姿勢ということが問われてくるし、それをしっかりと見守っていくということが、私は必要だと思っています。

それから、働き方・働かせ方の問題ということについては、先ほど寺間さんから松下ＰＤＰの最高裁判決を乗りこえるお話がありましたけれども、私たちも実はそのことを認識して闘っているのですが、そういった中で、変えていかざるを得ないところと、さらに運動がどうしても必要だと思います。もちろん、労働組合という一番大きな労働者の組織、そして、国民がそこにきちっと関わっていかなければいけないと思います。法律を変えるということは一国の政策の問題ですから、そして労働市場というのは単純に日本だけの問題ではないということですから、相当に大きな力関係が働いて、今の状況を巻き返す力が必要なのだと思います。
そういった意味では、非正規の問題を非正規だけの問題ととらえないで、いま、みなさんの周りには、非正規社員はもちろん、おそらくたくさんの正規社員の方もいらっしゃると思いますが、誰もが、安定した雇用というものを実感していないのではないかと思います。おそらく正社員の方だって、いつどうなるのか分からない、例えば給料が下がっていくとか、長時間労働であるという形で、不安をかかえて働いている。やはり、安定した雇用という意味では、すべての労働者が、結局同じ認識で、この問題を考えていくことが重要だと思います。私も今日、このことを強く認識しましたし、そうした運動にさらに参加しなければならないという思いになったということを申し上げて、私からの感想と発言にかえたいと思います。どうも、ありがとうございました。

小野寺　では、最後に風間さんからひとことお願いします。

原発での労災認定はどうなるか?――風間直樹

健康被害の問題について、本当にそのとおりだと思います。原発の放射能被害というのは、そのときになってみないと分からないというのが実際だろうと思います。その時に、労災事案というのが、大変多くなってくるというのは、久保田先生と同じ認識です。ただ、東電と国が、果たしてどこまできちんとやるのかということに関しては、まったく分からない状況です。それで、そもそも原発労働で、労災が認められたケースというのは、極めて少ないのです。放射線起因疾病による労災認定は三二年間で四八件。これ自体、非常に少ないのですが、実は原発労働による労災認定というのは、この中でたった一〇件なのです。この間、これだけ原発が増えてきたにも関わらず、本当に少ないと思います。

ひとつには対象となる具体的な疾病の例示が厳しく限定されてきたという問題があるのですが、同時に見逃せないのは、今日のテーマである、非正規、偽装請負、間接雇用の問題です。その力関係によって表に出てこない。間接雇用になってしまうと、使用者と雇い主が別になる。その結果、原発で働く労働者にとっては、誰がどこに話を持っていけばいいのか分からない。間に請負会社、派遣会社が入ることによって、さまざまな問題が出てくる。例えば、現場で問題が生じた場合、通常正社員なら、直接現場の上司に文句を言って意見を具申しても、それによって「君、明日から来なくていいよ」ということは言えない。それこそ労働組合が黙ってはいません。しかし、間接雇用によって働いている労働者は、同じ事をしたら簡単に首が切られることになるわけです。この力関係の問題は労災申請でも同じなんです。

労災がなぜ表に出てこないのか。下請会社が労災申請を行うことによって、発注者から仕事が回ってこなくなるというのは、どこの業界でもあることだとは思うのですが、ことこの電力業界では、最終的な発注者というのは、関東圏では、東電たった一社だけなのです。したがって関東圏で仕事を続けたいと思ったら、下請会社の使用者は全力で労災申請をつぶします。自社の従業員が例え大きな障害を負ったとしても全力でつぶしにかかる、そういった話はたくさん聞きました。専門家から話を聞いても、電力業界の下請ほど労災隠し・労災つぶしを徹底してやってくる業界はないということです。それは、今も全く変わっていません。

こうした「地域独占」、加えて「総括原価方式」という、かかったコストに利益を上乗せしたものはすべて電力料金に反映させ徴収できるという、経済原理からしてまったくおかしなことがまかりとおっているのが電力業界なのです。そういう状況が変わることなしには、圧倒的な力関係は変わらない。ということは、今後起こるであろうさまざまな労災についてもやはり、闇から闇に葬られ続けるのだろうと思います。その意味で、私も取材を重ねていますが、労働問題の観点からもそうした電力業界の実態を表に出し、暴いていく役目をジャーナリズムは担っている、私自身としてもそうした役割の一端を、引き続き担っていきたいと思っています。私からは以上です。

小野寺　ありがとうございました。今日のシンポジウムでは、まず基調報告の中で、風間さんから、原発作業員というまさに、危険な労働を非正規社員が担っているという現状について、報告いただきまして、非正規労働というものが、いかに非人間的なものかということについて、改めて考えさせられる提起になったと思います。

また、寺間さんからもご発言いただきましたように、今回のＮＥＣ重層偽装請負訴訟が、松下

ＰＤＰの最高裁判決を乗りこえられる裁判であるという提起をいただき、われわれとしても勇気づけられることになりました。

このシンポジウムを通じて、われわれの働き方について、みなさんひとりひとりが、考えるきっかけになることを期待して、このシンポジウムを閉じさせていただきたいと思います。ご協力どうもありがとうございました。

資料

二〇〇九年十一月一〇日　参議院予算委員会　日本共産党仁比聡平質疑

○委員長（簗瀬進君）　次に、仁比聡平君の質疑を行います。仁比聡平君。

○仁比聡平君　日本共産党の仁比聡平です。

非正規切りの問題に絞ってお尋ねをしたいと思います。

まず、長妻大臣、解雇や雇い止めなど非正規切りに遭う非正規労働者は昨年十月からこの一年どんどん増え続けて、極めて深刻な事態です。厚生労働省が把握している数字ではどう推移しているか、また大臣がどのように受け止めておられるか、まずお尋ねをいたしたいと思います。

○国務大臣（長妻昭君）　お答えを申し上げます。

いわゆる雇い止め等の状況でございますけれども、今おっしゃられたように、昨年十月からの統計では、毎月統計を取っておりますけれども、ピークが二十年の十二月で、一ヵ月で四万八千九百五十四人ということでございます。平成二十一年の十二月におきましては四百十九人の見込みということで、累計でいうと二十二万二千八百六十九人ということで、これは大変厳しい、本当に当事者の方はおつらい状況だというふうに思っております。

私どもといたしましては、緊急雇用対策本部を開催をして緊急雇用の対策も実施を今しているところでございます。そして、私も感じますのは、やはりこれまでの政権、政府が余りにも行き過ぎた雇用についての規制緩和をし続けた結果が一つ、今就業されておられる方の三人に一人が非正規雇用という大変な状況を生んでいるということも把握をしているところでありまして、それを是正すべく取り組んでいく所存でございます。

○仁比聡平君　大臣の受け止めは私も共感するものがございます。

数字なんですが、中で四百十九人などという数字がありましたけれども、この十二月までには二十四万八千人に至るであろうという把握だと思いますが、もう一度数字を確認します。

○国務大臣（長妻昭君）　お答えいたします。

今申し上げた数字以外にも、どの月に雇い止めになったか不明であるものがそれ以外二万一千四百三十九人の方がおられると。そういう意味ではこれも含めた累計が二十四万四千三百八人ということでございます。

○仁比聡平君　完全失業者数で見ますと、九月に三百六十三万人に達しまして、全労連が行いましたハローワーク前のアンケートによりますと、失業、離職の原因の四割は解雇や契約期間途中の中途解除、倒産、また希望退職なわけですね。今現在、次々に切られているわけでございます。

昨年以上の厳しさが指摘をされる中で、総理、労働者による派遣法違反の申告に真剣にこたえて、直接雇用、正社員化を実現するために政治が責任を果たすということを強く求めたいと思います。

労働者の申告は、私が知る限りでも昨年末以降三百二十二人、八十九事業所に上っておりますけれども、申告者たちは、自分だけの問題じゃない、誰も同じような目に遭わせたくないと闘っています。そこでは名立たる幾つもの大企業が、本当なら直接雇用すべき労働者を安上がりに使い捨てるために、今のひどい派遣法さえ破って、偽装請負、専門業務の偽装、偽装クーリングなど、許し難い、またさまざまな手口を尽くしてきたことが詳細に告発され、前政権の下でも既にその半数について違法が認定され、是正指導と直接雇用の推奨がなされてきました。ところが、その多くで大企業が従わず、挙げ句に労働者を路頭に迷わせ、再就職もかなわない、それでも個別企業については言えないという前政権の姿勢、雇用破壊と貧困格差の拡大が総選挙で決定的な退場の審判を受けたわけです。

総理、こうした労働者たちに会われて、声を正面から受け止めて、派遣法の抜本改正を急ぐとともに、現行法でもあらゆる手だてを尽くして大企業の社会的責任を果たさせていただきたいと思いますが、いかがですか。

○内閣総理大臣（鳩山由紀夫君）　おっしゃるとおり、大変深刻な事態であろうかと思います。

労働者派遣法違反が行われている企業に対しては、これは前政権、旧政権のときから厳正に指導を行っているということではございます。しかし、指導を受けた企業において、これを真摯に受け止めて是正すべきところを必ずしも是正していない企業があるというお話でございます。現実にはそのようなことが行われている可能性もあろうかと思っております。

したがいまして、まずは私どもとすれば、新政権として、まず大企業中心ではありますが、こういった方々に対して直接雇用というものを進めるように、雇用の安定に配慮するように企業に対して指導しているところでありますし、更にこれを強めていかなければならないと思います。また、派遣法違反を行っていながらその是正指導に従わない企業に対しては、当然のことだと思いますが、都道府県の労働局において速やかに是正指導を行うこととしておりますが、さらにそれでも従わない派遣先の企業に関しては、さらに是正の勧告とか、あるいは企業名の公表なども含めて厳正に指導を実施する必要がある、そのように考えております。

○仁比聡平君　総理のそうした決意を伺うことができて、これが現実に雇用の安定を図っていく力になることを私強く求めていきたいと思うわけです。

長妻大臣、違法派遣によって派遣上限期間を超えて労働者を使ってきたことが明らかになった場合、どのような是正指導を行うということになっておりますでしょうか。

○国務大臣（長妻昭君）　お答えを申し上げます。

今言われたのは、労働者派遣法において期間制限ということでございまして、原則一年、最大三年を超えて引き続き派遣を受け入れてはならないというふうにされているところでございまして、この違反に関しては、平成二十年度においては百五十五件是正をするように指導をしたということでございます。

この是正の指導に当たっては、対象となる派遣労働者の雇用が失われないように必ず雇用の安定を図るための措置を講じるように指導をしておりまして、その際には、できるだけ派遣先が派遣労働者を直接雇用してくださいということを強く推奨をしているところでございます。

そして、先ほど総理からもございましたけれども、その是正措置に従わない場合は勧告という措置をいたしまして、それでも不十分な場合は企業名も含めて公表すると、こういう手続が待っているところでございます。
○仁比聡平君　具体的に言いますと、愛媛県の今治市にハリソン東芝という会社がありますが、ここで偽装請負に始まって、通算すれば長い方で九年近くという派遣可能期間をはるかに超えて働かされてきた労働者たちの申告と是正指導に対して、長妻大臣、派遣元は、派遣切りは問題ないと労働局の担当者に確認したと開き直り、派遣先は、労働局から直接雇用の推奨を受けたことはない、今後交渉には応じないと、九月末に団体交渉を拒絶してきているわけです。
熊本錦町にNECセミコンダクターズの工場がありますけれども、ここでは、ほかの工場では正社員によって行われている構内物流の業務について四重の請負というひどい偽装請負をさせてきて、その告発に対して是正指導がなされ、それでも従わない大企業に再指導までなされましたけれども、NECは、偽装請負と思ってやっていたわけじゃないと、こんなふうに開き直って直接雇用を拒んでいるわけですね。

こうした明白な違法が認められ再指導にも開き直っているケースで雇入れ勧告が出ないようなら、絵にかいたもちになってしまうわけです。大臣、決断して雇入れの勧告をすべきじゃないでしょうか。この勧告というのは、期限の定めのない雇用を勧告すると皆さんの基準でもされているわけですから、それでも従わないなら企業名を公表する、是非決断いただきたいと思いますが、いかがですか。

○国務大臣（長妻昭君）　お答えをいたします。

個別の事案についての詳細な点についてはお答えができないことは御理解をいただいた上で、これは、派遣先に関しては一般的に是正指導をして、それもきちっときめ細かい是正指導をすると。それに従わない場合は次に勧告という、そういう手続に進んで、それでも従わない場合は公表と。公表というのは、その時点で公表をするということでございます。そして、派遣元の事業主につきましても是正指導をするという措置もございまして、その後は、行政処分がなされればこれは公表されるということでございますけれども、これにつきまして、厳正にこの手続にのっとって、これは日本全国の派遣先が遵守しているのかどうか、あるいは是正指導の手続がきちっとなされているのかどうか、これは点検をしていきたいというふうに思いますけれども、その公表については、そういう手続を踏まないと公表とならないという今の法体系があるのも御理解をいただきたいと思います。

○仁比聡平君　総理、衆議院で、ルノーと直談判したフランス大統領や雇用大臣の構えを紹介した我が党笠井議員の質問に対して、総理は、そのように頑張りたいと思いますと答弁されました。私は大変大事な答弁だと思うんですね。自ら乗り出して個別企業に真剣に物を言い、雇用を守り、そして労働者派遣法の抜本改正を始め、働く人間らしいルールをしっかり作っていくと、そうした決意を伺いたいと思いますが、いかがでしょう。
○内閣総理大臣（鳩山由紀夫君）　仁比委員の思いを受け止めながら、今ありましたような労働者派遣法の違反の事例一つ一つに関して、これは長妻大臣からもあったように、必ずしも今ここで名前の公表とかいう話になるわけではありませんが、しかし、今お尋ねのような事例がまだまだ多くあるというようにも理解をしておりますので、このようなことが決して今後続かないような形になるように積極的に私としても動いてみたい、そのように思います。
○仁比聡平君　私は、九九年、とりわけ九九年の抜本、あの大改悪以降のこの規制緩和の下での雇用破壊の実態を新政権がしっかり直視して、その中で苦しめられながらも二度とこんな事態は許さない、そうして闘っている労働者の皆さんの声を直接聞いていただいて、この国に本当に人間らしく働いていくことのルールを作っていくという決意を新政権に強く求めたいと思います。
日本共産党は、新しくなったこの国会に大企業、財界の代表を呼んで、その社会的責任を問う集中審議を強く求めたいと思います。委員長のお取り計らいをお願いして、私の質問を終わります。
○委員長（簗瀬進君）　ただいまの御発言、要求については後刻理事会で協議をさせていただきます。
以上で仁比聡平君の質疑は終了いたしました。（拍手）

多重偽装請負の問題点――ＮＥＣ重層偽装請負訴訟・意見書――

熊本学園大学教授　遠藤　隆久

１　はじめに

「労働は商品ではない」。この言葉は、ＩＬＯが一九四四年第二六回国際労働総会において採択したフィラデルフィア宣言の中の有名な一節である。フィラデルフィア宣言は、その他にも「表現及び結社の自由は、不断の進歩のために欠くことができない」という宣言文の他、「一部の貧困は、全体の繁栄にとって危険である」「すべての人間は、人種、信条又は性にかかわりなく、自由及び尊厳並びに経済的保障及び機会均等の条件において、物質的福祉及び精神的発展を追求する権利をもつ」という内容が盛り込まれ、第二次大戦後のＩＬＯ及び各国の目標を定めたものとして重要な意義をもつマニフェストであった。

いうまでもなくＩＬＯは政府と労使の代表からなる国際労働機関であり、この時期に「労働は商品ではない」という宣言が発せられた意義は大きい。この僅かな言葉のなかに労働者がそれまで置かれてきた歴史が刻まれており、またこれからのあるべき労働者の姿が洞察されているからである。

国際社会が共有した問題意識は、第二次大戦後に誕生した我が国の労働法にも反映された。新しく生まれた労働法は、戦前に我が国で見られた原生的労働関係（近代以前の苛烈な労働環境）を二度と繰り返さないという強い意思の下に、あるべき労働者像を課題としてさまざまな労働者保護が図られた。

しかし、我が国に限っても、非正規で働く労働者の比率は今日すでに三分の一を越えており、働き方の多様化が進行した結果、労働が商品のように扱われている深刻な実態が急激に進んでいる。具体案に違いはあっても、現行労働者派遣法の行きすぎた規制緩和に対する改正はすでに国会の常識となって久しい。企業がグローバルな競争を強いられ厳しい競争環境に晒されていることが、現行法の下でも偽装請負のような悪質な事例が跡を絶たない今日の現状の背景に存在している。急激な非正規労働者の労働条件の悪化と貧富の格差の拡大は、戦後労働法の出発点で描かれた雇用保障の基盤を揺り動かしかねないものにしている。なかでも多重偽装請負は、たんに労働法違反であるというだけでなく労働者の労働環境・雇用環境の劣悪さが顕著である。その意味で、そもそも労働法はどのような課題を負って誕生し今日に至っているのか、そうした視点をもつことなしに多重偽装請負の違法性を論じることは不可能である。

本意見は、多重偽装請負が我が国の労働法秩序の中でいかなる意味で労働法違反と評価されるべきかという根本的な議論に戻って検討したものである。

2 直接雇用の原則

一九四七（昭和二二）年に職安法が制定され、戦前広く行われていた労働者供給事業は戦後禁止されることとなった。職安法の制定は、ＧＨＱの日本の民主化を図ろうとする対日占領政策の一環であった労働解放政策の反映でもあった。[*1] 労基法第六条が「何人も、法律に基いて許される場合の外、業として他人の就業に介入して利益を得てはならない。」と中間搾取を禁止することによって労働ボスに見られる労働者供給事業を規制するものであるのに対して、職安法第四四条は「何人も、第四十五条に規定する場合を除くの外、労働者供給事業を行つてはならない。」と規定し、労働者供給事業そのものを直接規制した（第四五条は労働組合が無料で供給事業を行うことを例外的に認めた）。したがって、職安法制定時の立法趣旨の中心課題に戦前に多く見られた労働ボスの支配や口入れ屋・募集人などの跋扈の排除があったことは疑いがない。[*2]

しかし、職安法四四条は翌一九四八（昭和二三）年に改正され「何人も、次条に規定する場合を除くほか、労働者供給事業を行い、又はその労働者供給事業を行う者から供給される労働者を自らの指揮命令の下に労働させてはならない。」という条文になり、職安法の労働者供給事業規制の目的が変わった。この改正によって、規制は労働者供給事業者だけではなく、労働者供給事業者から労働者の供給を受ける者にも網がかかることになった。これによって労働者供給事業の直接規制の目的は労働ボス支配の排除ではなく、労働者供給事業そのもの、すなわち間接雇用が規制の対象になったのである。さらに前年一二月に施行された職安法施行規則第四条二項に労働者供給事業であると判断する基準が示された結果、名目上請負の形式をとっても次の四つの基準を満たさない場合には労働者供給事業とみなされることになった。[*3]

1　作業の完成について事業主としての財政上及び法律上のすべての責任を負うものであること。

2　作業に従事する労働者を、指揮監督するものであること。

3　作業に従事する労働者に対し、使用者として法律に規定されたすべての義務を負うものであること。

4　自ら提供する機械、設備、器材（業務上必要なる簡易な工具を除く。）若しくはその作業に必要な材料、資材を使用し又は専門的な企画、技術を必要とする作業を行うものであつて、単に肉体的な労働力を提供するものでないこと。

以上の職安法制定直後に行われた施行規則の制定及び法改正は、職安法による労働者供給事業規制の目的が戦前の原生的労働関係の排除ではなく、契約に基づいた近代的な労使関係の下でも間接雇用を厳しく規制し、直接雇用を原則とするという労働政策を確立することにあることを明確にした。清正寛は、この改正を「労働者供給事業の禁止にとりその利用者の規制が重要であるといういわば当然のことを示したものといえる。しかし、このことは、さらに法理的にみれば、労働者供給事業の利用者＝企業の労働力利用形態選択の自由という市民法上の自由の制約を意味するものであり、労働者供給事業禁止の法理が、単なる前近代的雇用慣行の排除という枠をこえて、市民法上の自由の制約を予定する労働法原理に立脚することを示した点で重要であるといえよう。[*4]」と指摘している。ここで確認できることは、第一に、労働者供給事業の規制の目的は供給者を規制することではなく、労働者供給事業という間接雇用のあり方を規制するところにあり、したがってその目的を達成するためには供給事業者だけではなく、供給を受ける利用者を規制するところにあるということである。第二に、労働法法理は使用者が労働者を労働者供給事業を介在して雇用することを禁止することによって、使用者に対して弱い立場に立つ労働者の雇用が不安定にならないよう配慮する性格をもっているということを示している。[*5]こうした職安法四四条に規定されている直接雇用の原則は、その法的効果につき争いがあっても、労働者派遣法が制定された今日においても変わることはない。[*6]職安法四四条の立法趣旨に言及したサガテレビ事件佐賀地裁は、「職安法四四条が労働者供給事業を禁止しているのは、強制労働、中間搾取等の弊害を防止するためであるが、それはたんに個々具体的に強制労働、中間搾取等を目的とする労働者供給事業を禁ずるばかりではなく、ひいては労働者の雇用関係を不安定にする労働者供給事業を制度として禁ずることにより労働者を保護し、労働の民主化をはかることを目的としているものである。[*7]」と判示している。

こうした直接雇用の原則の法理[*8]は、重層偽装請負の事例において請負を偽装した労働者供給事業の利用者である事業者についても同様に貫かれるべきことは言うまでもない。

3　重層偽装請負と偽装請負の相違点

いわゆる偽装請負は、派遣事業を営む事業者と派遣労働者を受け容れる派遣先事業者との間で、労働者派遣法の規制を潜脱するために、名目上業務請負契約を締結するものが典型的なものである。請負契約を偽装した労働者派遣は、製造業に派遣が派遣法改正前に法律上認められなかった業務の範囲の制限を超えて派遣する場合か（派遣法四条一項、三項違反）、派遣法上の許可を受けていないか届出をしていない派遣業者が業務請負の形式で派遣を行うか（派遣法五条一項違反、派遣法一六条一項違反）、派遣法上の期間の制限を超えて派遣する場合（派遣法四〇条の二）等で行われるものであって、違法であっても派遣法二条一号にいう「自己の雇用する労働者を、当該雇用関係の下に、かつ、他人の指揮命令を受けて、当該他人のために労働に従事させることをいい、当該他人に対し当該労働者を当該他人に雇用させることを約してするものを含まない」という労働者派遣の定義に該当するものである。当該派遣が派遣法違反になる場合でも、派遣事業者・派遣先企業の管理台帳に虚偽記載があるなどの事例は罰則規定の適用にとどまることがあり得るが、労働者派遣の根幹に関わる違反があれば職安法四条六項の例外として認められる余地はないと考えるべきである。派遣法の潜脱を故意に行う偽装請負が労働者派遣の根幹に関わる法違反であることは疑いがない。

しかし、周知のようにパナソニックＰＤＰ事件最高裁判決[*9]は、注文者と労働者の雇用関係が締結されていないことを前提として、「注文者と労働者との間に雇用契約が締結されていないのであれば……三者間の関係は、労働者派遣法二条一号にいう労働者派遣に該当すると解すべきである。そして、このような労働者派遣も、それが労働者派遣である以上は、職業安定法四条六項にいう労働者供給事業に該当する余地はないものというべきである。」（傍線引用者）と判示した。この理をさらに補っている部分が、「労働者派遣法の趣旨及びその取締法規としての性質、さらには派遣労働者を保護する必要性等にかんがみれば、仮に労働者派遣法に違反する労働者派遣が行われた場合においても、特段の事情のない限り、そのことだけによっては派遣労働者と派遣元との間の契約が無効になることはないと解すべきである。」（傍線引用者）とする判示である。派遣法の趣旨を最高裁がどのように捉えているのかについて判決は詳らかにしていないし、派遣法が取締法規にとどまるか否かは論争のあるところであるが、引用者傍線箇所から明らかなことは、最高裁の判示したな法理では、注文者と労働者の間に黙示の合意が認められるのであれば違法派遣が労働者派遣ではないという結論が導き出されることになるということである。この点、同事件高裁判決[*10]が違法派遣は労働者供給事業に該当し無効であるという判断を前提として、注文者と労働者の雇用関係を判断した論理とまったく正反対であり、派遣法と職安法との競合をいかに考えるかについて異論があるところであるが、違法派遣であっても派遣であるという結論が上記前提条件を満たさなければ成立しないということは確認されるべきところである。本意見書は重層偽装請負の検討することを主題としているので、ここではこの指摘以上は触れない。

　これに対して、重層偽装請負の事例は、たとえば業務孫請会社をA社とし、業務下請会社をB

社として、業務請負を依頼した会社をC社とした場合、⑴B社との間で業務請負契約を締結して自ら雇用した労働者を送り出したA社は、B社に指揮命令する自らの管理者を送り込んでいるわけではないし、自らの労働者の働く場がB社ではないことを予め認識している。さらに、⑵B社はA社の労働者をC社に送り出したのであって、自ら雇用する労働者をC社に送り出したわけではない。

したがって、⑴についてはA社は、自己の雇用する労働者を契約の相手方の下で労働に従事させるのではない点で、また⑵についてはB社は、自己の雇用していない労働者を契約の相手方の指揮命令の下で労働に従事させている点で、いずれも派遣法二条一号にいう「自己の雇用する労働者を、当該雇用関係の下に、かつ、他人の指揮命令を受けて、当該他人のために労働に従事させること」という定義にあてはまらない。むしろ、B社の行為は労基法六条が「何人も、法律に基づいて許される場合の外、業として他人の就業に介入してはならない」と禁止する中間搾取の要件を満たすことになる。その意味で、重層偽装請負は請負を偽装した派遣ではなく、請負を偽装した違法な労働者供給にあてはまる。[*11] 違法な労働者供給事業は職安法四四条に該当し、A社と労働者の間で取り交わされている雇用契約とA社とB社及びB社とC社の間に取り交わされている業務請負契約はいずれも無効と解される。

以上のことから、重層偽装請負事件については、パナソニックPDP事件最高裁判決の法理は射程外であることも合わせて確認できる。

4　重層偽装請負契約の違法性判断の根拠

――ＮＴＴ（重層偽装請負）事件京都地裁判決を素材として[12]――

重層偽装請負を正面から扱った判例は瞥見の限り、僅かしかない。その中でＮＴＴ（重層偽装請負）事件京都地裁[13]を素材として、重層偽装請負には偽装請負には見られない高い違法性があることを以下に確認してみたい。

事件は、被告ＮＴＴと原告の間に被告との間に請負契約を締結したＮＴＴ・ＡＴ、Ｃ社、Ｂ社、Ａ社がそれぞれ請負契約で結ばれていた。原告の主たる請求としてＮＴＴの被用者であることの地位確認がある（本稿では労働契約の成立に限って検討しているので触れないが、ＮＴＴ・ＡＴは不法行為にもとづく損害賠償責任の請求の被告でもあるため裁判所の引用文で「被告ＮＴＴ・ＡＴ」とあるのはその理由のためである。）。判決は、結論だけではなく、残念ながら重層偽装請負の独自の論点を捉えていない点で、その判決理由も説得力がないものであった。

（1）請負事業者の形式上の使用者性

ａ　裁判所の認定事実

裁判所の認定事実によれば、「原告は、まず、Ａの当時の社長であったａの面談を受けた。ａは、この面談では、本件業務の具体的な内容を説明せず、上記面談の後、Ｂのｂが連絡する旨を原告に伝えた。その約二日後、bが原告に電話で連絡をし、五日後に被告NTT・ATのDとBのbが立ち会った面談が行われた。Dは、原告に対し、自己アピールを求めた上で、過去の翻訳に関する経験、保有資格を確認し、次の面談で、英字新聞の日本語訳をすることになること、本件業務は長期に及ぶものであるから、長く勤務して欲しい旨を告げた。」とあり、業務の具体的な内容は原告の形式上の使用者であるA社でもA社に具体的に業務を委託したB社でもなく、NTT・ATの担当者によって初めて説明されている。

原告とA社の雇用契約が成立するためには、さらに「その数日後である平成一八年一〇月一九日、原告は、甲において、被告NTTの甲・乙の研究員であるE及びF（以下、併せて「Eら」ということがある）、Dと面談した。Eらは、本件業務内容として、TOEIC七〇〇点相当の英語力が必要と考えていたことから、この面談において、原告の英語力を確認するため、英字新聞の英文を日本語に訳すことを求めた。その結果、Eらは、原告の英語力が要求レベルに達しており、データ整理も問題なさそうだと判断し、Dに対し、十分業務を遂行する能力がある旨伝えた。そして、Dは、bに対し、原告が大丈夫である旨電話で伝え、bは、一緒に待機していた原告にその旨伝え、来週からでも働くことができるかどうか尋ねた。」という段階を経る。

こうした複雑な事情の一端について判決は「NTT・ATがCと契約を締結したのは、当初からBと契約する予定であったが、被告NTT・ATの内部の規約により、Bと契約することができなかったため、Bの代表取締役であったbが以前勤務していたCとの間で契約を行ったものでである。被告ＮＴＴ・ＡＴとしては、Ｂからの再委託先があることはうすうす知っていたが、その認識が定かでなかったため、被告ＮＴＴの事前の承諾は得ていなかった」こと、すなわち、Ｃ社はＮＴＴ・ＡＴがＢ社との契約を迂回させるために介在させたに過ぎない存在であること、ＮＴＴ・ＡＴはＢ社が自らの従業員によって業務を請け負うのではなくさらに下請けさせることを認識していたことを認定している。

さらに被告ＮＴＴがＮＴＴ・ＡＴに業務を委託したのは「大量の文書データから自動的に機械翻訳システムを構築する統計翻訳技術の研究に従事していた。そこでは、あらかじめ同じ内容を二言語で記述した文を大量に集めた対訳データが必要となった。そのため、Ｆは、Ｐ等から数十万程度の対訳データを入手していたが、それでは足りなかったため、被告ＮＴＴ・ＡＴに対し、対訳データの作成を依頼することとした」ことによる。しかし、その根拠としてＮＴＴ・ＡＴに「良好な納入実績があること、特に優れた経験・知識を有し、十分な技術力を有していること等とされた」と認定する一方で、裁判所は「被告ＮＴＴ・ＡＴは、被告ＮＴＴに対し、本件業務をＣないしＢに請け負わせることの承認を求め、被告ＮＴＴは、それを承認した。その理由として、日本語辞書の整備という特異な案件であり、この分野で高い技術力を有しているためとした」という認定もしている。

また実際の業務指揮については、「原告は、被告ＮＴＴの職員に対し、直接、作業を行った成果物を送っており、業務内容についても直接、被告ＮＴＴの職員とやり取りをしていた。具体的には、原告は、やり取りの中で、業務の内容について所要時間を報告したり、問題点を指摘したりしており、それに対して、被告NTTの職員が回答するなどしていた。そして、B等やAの職員は、それにはほとんど関与することがなかった」と認定している。

b　裁判所の判示内容

裁判所は上記のような事実認定をしながら、A社を形式的かつ名目的な使用者ではないと判示した。その根拠は「自ら使用者として実質的に原告の賃金等の労働条件を決定し、毎月の賃金を支払っていたといえるのであ」ること、さらには「原告が被告NTTから上記のとおり作業遂行上の指揮命令を受けていたとしても、このことから、原告と被告NTTとの間に、黙示の労働契約が締結されていたとはいえない」根拠は「原告もAから派遣されて被告NTTで働いているという認識であったこと、被告NTTも原告を自己の労働者であると認識して、その労働者である原告に対して賃金を支払うべきものとする意思があったとは認められないこと」に求められている。

しかしながら、裁判所の認定事実からでも、NTT以外のNTT・ATないしA社に至る使用者の名目性・形式性は十分に立論は可能であるから、裁判所は「仮に、本件各請負契約が無効であるとしても、そのことから直ちに原告と被告NTTとの間に労働契約が締結されていたということにはならない。職安法四四条及び労基法六条は、いずれも、労働契約が誰との間で締結されたかについての効果を導く規定ではなく、原告の就労形態について、これらの条項違反があるからといって、そのことが原告と被告ＮＴＴとの間の労働契約関係を基礎付けるものとはいえない。」という理論補強をしている。そして、その根拠を「労働契約が締結されたといえるためには、労働者が使用者であると認め、これに対して労務を提供する意思を有し、使用者が労働者を自らの労働者であると認めて、この者に対して賃金を支払う意思を有していること、つまり、使用者と労働者との意思の合致が必要なのである。

よって、原告と被告ＮＴＴとの間の労働契約の成否を判断するにあたり、本件各請負契約が無効であるか否かが関係するものとは解されず、その判断をする必要はない。」（傍線引用者）という補強を施している。

上記判示は、結局、裁判所は明示的な意思の合致がなければ、原告とＮＴＴの間に労働契約の存在を認めないと主張しているのと変わりがなく、かつそれはそれぞれの請負契約が無効であってもその理は変わらないというものである。しかし、各請負契約が無効であって、かつ原告と被告ＮＴＴとの間の労働契約も成立しないとすれば、原告がＮＴＴに労働力を提供し、ＮＴＴがそれを受領してきた法的根拠はどこに見出されるとするのかが不明とならざるを得ない。[*14]

（２）形式的使用者の違法性評価

偽装請負が請負契約が違法であり無効であるとしても派遣という実態が存在しているのと異なり、重層偽装請負は請負を偽装する事業者が他人の労働力を他人に供給する事業者が一社ないし二社以上介在することから、重層偽装請負の違法性評価は偽装請負よりも高いものでなければならない。

重層偽装請負であっても偽装請負であっても、そうした存在を成立させている主たる要因は労働力を提供している事業者にではなく、外部労働力を間接雇用をしている請負先事業者にある。しかし、偽装請負の場合には、たとえ違法であっても派遣法を潜脱しながら実態として請負元が雇用する労働者を自らの指揮命令下で使用することについて、請負先にとっては経済合理性が存在する。しかし、重層偽装請負にはそれすら見当たらない。

NTT事件では、NTTは「特に優れた経験・知識を有し、十分な技術力を有している」としてNTT・ATと請負契約を結びながら、「日本語辞書の整備という特異な案件であり、この分野で高い技術力を有している」労働者をNTT・ATがC社、B社に、孫請けさせることを予め承認していたということは、NTT・ATの雇用する人材を当てにしていたわけではないことになる。さらにNTT・ATはその能力の持ち主がC社、B社にはおらず、結局A社に雇用させることになっていることを認知している。A社も使用者の実態はなく職業紹介をしているに過ぎない。すなわち、それぞれの請負契約を結ぶ際に挙げられた理由はことごとく擬制に彩られており、これら業務請負契約を合理化する理由はどこにもないことを裁判所の認定事実が明らかにしている。ではNTTが有能な人材を請負先に求めながら、こうした重層偽装請負を取り得た理由はNTTが最終的にA社が原告との間で雇用契約を結ぶか否かを決定する能力判断はNTTに委ねられていたからであろう。

しかしながら、複数の事業者を介在させつつ、外部労働力を利用することの合理性は見当たらないとしたら、一方でそれによって当該労働者に対する使用者責任は複雑化しかつ希薄化するだけでなく、労働者が受け取る賃金は業務委託料として介在する事業者に何重にもかすめ取り挙げられ僅かなものとなる。実際、NTTがNTT・ATに支払っている業務委託料は月額に換算すればおよそ五二万円になっているにも拘わらず、原告がA社から社会保険料控除前の賃金として受け取っていた基本給額は一八万円にしか過ぎないから、NTTが支払った金額の半分以上がA社ないしC社、NTT・ATによって中抜きされていたことになる。つまり、重層偽装請負は、労働ボスが存在しなくても、複数事業者が介在することによって労働者に支払われるべき賃金が中抜きされていく前近代的な労働者供給事業の再来そのものである。雇用の重層化は実際に指揮命令する事業者と労働者の関係を希薄化し[*15]、かつ使用者責任を曖昧にして労働者の雇用を不安定化し、さらに最初に業務委託費として支払われる費用と労働者が実際に手にする賃金の間に大きな差を必然的に生じる。

付言すれば、本件であるNEC重層偽装請負事件では、旧NECセミコンダクター（以下「NECセミコン」と呼ぶ）が間接雇用によって求めていた外部労働力は、NTT事件とは異なりその業務に特別の能力を必要とするものではなかったから、NECセミコンは当該労働能力について確認する必要はない。NECセミコンと労働者の間に多くの労働者供給業者が介在することによって使用者責任が複雑になり、かつ希薄になっている。したがって、NECセミコンからすればその事業場で勤務する誰がどの供給事業者に雇用されて働いている労働者なのかも把握することはなかったはずである。しかし、そのことがNECセミコンに労働契約上の使用者責任がないという正当な理由になるわけでは決してない。まさに直接雇用の原則を確立することによって労働法が防ごうとした間接雇用の弊害の典型がここに表れている。

重層偽装請負は派遣の実態もなく労働者供給事業であることから、各事業者の間に締結された請負契約も労基法六条の中間搾取にも該当し職安法四四条に違反し当然のことながら無効となる。中間搾取は職安法三九条（募集者の報酬受領の禁止）にも該当し同法六五条により六ヵ月以下の懲役又は三〇万円の罰金に処せられるが、さらに供給事業者は同法六四条により一年以下の懲役または一〇〇万円以下の罰金に処せられることになる。[*16] また、職安法四四条は事業者にも供給事業者から供給を受け指揮命令をすることを禁止している。[*17] 職安法四四条の趣旨は、すでに検討したように労働者供給事業を営む事業者を規制することにあるのではなく、労働者供給事業そのものであり直接雇用の原則を実現することにある。

しかし、法形式上、当該労働者とその労働者を指揮命令している事業者との間に明示的な労働契約が存在していない以上、労働契約が成立しているというためには「黙示の合意」の推定が必要となる。その場合、上記のように重層偽装請負の違法性の程度が極めて高いことから、重層的に供給事業者から労働力の供給を受けていた事業者の負うべき責任如何は、労働者との間に労働契約が成立するか否かの判断に当然に反映されなければならない。それが黙示の合意という規範的な解釈の必要なゆえんである。

5　黙示の合意

当該労働者とその労働者を実際に指揮命令している事業者の間に労働契約の成立が認められるか否かを考える場合、お互いの間で明示的な合意があれば、その契約が違法でない限り雇用契約は有効に成立する。しかし、両当事者の間に明示的な契約が成立していなかった場合、両当事者の間に黙示的に労働契約の存在を認めるかについてはこれまでも多くの学説及び判例で争われてきた。[*18] しかし、明示の合意がない当事者間に労働契約の「黙示の合意」を認めるという解釈が労働法の求める規範的な解釈操作であることは、おおよそ自明の理となっていることは間違いない。[*19] すなわち、労働法原理は市民法上の私的自治の原則を社会的・経済的に力の格差のある労使関係にそのまま適用することが、それが支えようとする人間の自由と平等が却って損なわれることにならざるを得ないことから、修正を図りながら使用者と労働者の自由で平等な労働関係を実現することをめざしているからである。

重層偽装請負について黙示の合意論を検討する際に、なぜそうした規範的な解釈が必要となるかといえば、当該労働者を指揮命令している事業者と労働者の間に介在する労働者供給事業者との間で締結された各業務委託契約が職安法四四条に違反し無効だとしても、取締法規である職安法違反からただちに当該労働者と指揮命令をしている事業者との間の労働契約の成立を導き出すことは困難だからである。

そこで、重層偽装請負について、労働者とその労働者を指揮命令している事業者との間に黙示の合意が成立するかを判断する際にどのような規範的解釈が要請されるのかを検討することが不可欠となる。

事業者が違法な重層偽装請負を通して間接雇用によって労働者を自己の支配下におくことは職安法四四条に形式的に反するだけでなく、その違法性が極めて高いことはすでに示してきた通りである。そうした受入れ先事業者の雇用責任は、黙示の合意にもとづく労働契約が成立しているか否かを判断する際に、当然に反映されなければならない。[*20] 指揮命令している事業者と労働者の間には事実上の使用従属関係が存在があることは異論を挟む余地はない。しかし、それ以上の黙示の合意を推定する際に必要な解釈基準は、採用にどの程度関与していたのかであるとか、労働者に賃金を支払っていたか否かであるとか、人事管理の有無とか、直接雇用であれば当然に使用者と労働者の間で取り決められ遂行される事実を推認することにあるのではない。職安法が労使関係においては直接雇用を原則とし、間接雇用について派遣法に基づく派遣のみを基本的に例外としているのは、戦前の労使関係において労働者供給事業の実態が労働ボスによる中間搾取、強制労働を伴った前近代的ないわゆる原生的労働関係が蔓延していたことの清算が大きな課題であったことはすでに述べたとおりである。しかも、それは労働ボスや口入屋の排除にとどまらず、そうした供給事業者を利用して事業活動を行うことそのものを禁止の対象にしている。したがって、前近代的な原生的労働関係の排除は、そもそも我が国に戦後労働法の必要性を求めた不可欠の公序であるといってよい。

しかも、重層偽装請負の下で働くことは、非正規雇用が三分の一を超え、正規雇用に職を求めることが困難な労働者にとって、自ら進んで選んだのではなく選ばざるを得ない、ある意味で強いられた選択である。重層偽装請負とは、労働者が現在置かれているそうした厳しい状況を利用して何重にも中間搾取が行われる仕組みであって、極めて悪質性が高いものと言わざるを得ない性格のものである。

それゆえ、重層偽装請負における黙示の意思の存在を判断する解釈基準として、労働者を自らの指揮命令下に置いた事業者には労働契約が成立しているとみなされるために通常あるべき要素が不存在あるいは不備、不明確であるという主張・抗弁をなすことが不公正なものとして許されないというべきである。[*21][*22]

したがって賃金の支払は、請負業者に対する業務請負という形式を経由して支払ったとみなしうるし、賃金が請負業者が業務請負代金から一定額をピンハネして最終的に労働者の賃金となっていたことから賃金額も受入業者が間接的に決定していたと推定し、その抗弁をなすこと自体が許されない。解雇についての関与も、受入事業者が直接の相手方である労働者供給事業者との業務請負契約を解約すれば、労働者は自ずと解雇されるのであってそれを否定する抗弁は不公正なものである。法的事実とはそれ自体が規範的な解釈によって推認されるのであって、重層偽装請負によって労働者を自らの支配下に置いて指揮命令した事業者に、多重に介在した事業者らの行為を事実として反証を許すことは信義則に反するものとして許されないと解することが、公序良俗に反する契約を利用した受入事業者の責任なのである。

6　二重の労働契約は存在しうるか

本件、NECセミコンとNECロジスティック（以下、「NECロジ」と呼ぶ）で働いていた人吉運送から日通航空を介在してNECロジの指揮命令を受けてNECセミコンで働いていた労働者について、NECセミコンと労働者の間だけではなく、NECロジと労働者の間で労働契約が二重に存在しうるかについて検討する。ただし、認定すべき事実は係争中でもあり、本意見書では、本件を想定しているが具体的事実には言及せず一般論として検討を加えることにする。

当該労働者が受入事業者の指揮命令を受けて働きながら、受入事業者の元請け事業者の指揮命令を同時に受けている場合、受入事業者との間で労働契約が整理するだけではなく、元請事業者との間でも労働契約の成立する余地はあり得る。これまで、重層的に雇用が行われている場合だけでなく偽装請負の事例でも労働契約は一つであると考えてきたのは、請負と派遣を区別する基準として実態として指揮命令をしているのがどの事業者かが、峻別するためのメルクマールとされてきたからであった。しかし、その基準に従っても、実態として指揮命令をする事業者が複数存在するのであれば、労働契約が複数存在することはあり得ることになる。

本件に見られるように、元請け事業者が受入事業者の工場内で製造過程で原材料、中間製品の物流を担当し、元請け会社の従業員と孫請け会社の従業員が元請け会社の指揮命令にも従っている場合、工場の生産工程全体の生産管理は受入事業者の下にあって、生産管理上の指揮命令が直接・間接に元請け会社従業員と孫請け会社従業員を問わずそこで一体となって働いている従業員に及ぶことは通常のことである。すでに触れたように、重層偽装請負によって労働者を受け入れている受入事業者にとっては工場内物流現場で働く労働者が多数存在し、かつその距離が遠く関係が希薄化すればどの労働者がいずれの事業者から供給された従業員であるのかは判然としないことは一層日常的に出来しているはずである。しかし、現に工場内で働いている以上、その労働者に対して間違いなく指揮命令がなされている。このことは、その労働者に対して誰が指揮命令をしているのかという観点から見て、指揮命令が二重に存在している実態、すなわち事実上の使用従属関係に即して導き出される結論である。

しかも、労働者がＮＥＣセミコンの従業員だけでなく、ＮＥＣロジの従業員からも指揮命令を受けて働いていた場合、有効な派遣契約に基づいて他社の労働者を受け入れている場合か、労働者との間に直接雇用関係がある場合でなくてはならないから、重層偽装請負の場合には労働者供給事業者との間の労働契約も業務請負契約も無効であるから、いずれにせよどちらかの事業者との間に労働契約の成立していることが必要とならざるをえない。

そうした場合、どの事業者が労働者に対する雇用責任を負うべきかについては、労働契約の当事者として労働者の賃金を支払っているか、あるいは解雇権限を有していたかという観点で捉えれば、第一義的には受入事業者である。しかし、二重の労働契約が成立しているとみなされる場合、使用者にはそれに反する事実の主張は成し得ないとすれば、最終的には労働者の意思がいずれにあるかを判断の根拠とするべきである。すなわち、労働者がどちらの事業者との契約の成立を望んでいたのかが、労働契約の最終的な成立の判断になると考えるべきである。

＊1　ＧＨＱ労働諮問委員会最終報告書第一章「日本における労働立法及び労働政策に関する勧告の要約」（竹前栄治『アメリカ対日労働政策の研究』三七四頁以下所収）。
＊2　岡村美保子「労働者派遣問題」（レファレンス平成二一年一〇月号一二一頁以下）。
＊3　同規則第二項には、四つの基準をすべて満たす場合であっても「それが法第四十四条の規定に違反することを免れるため故意に偽装されたものであって、その事業の真の目的が労働力の供給にあるときは、法第四条第六項の規定による労働者供給の事業を行う者であることを免れることができない。」ことも念を押されている。
＊4　清正寛「雇用保障法における『直接雇用の法理』」林迪廣還暦『社会法の現代的課題』（昭和五八年刊）二八二頁。
＊5　労働者派遣法が一九八五（昭和六〇）年に制定され、労働者派遣事業が認められたことによって直接雇用の原則に例外が生じた。それによって、職安法においても供給事業から派遣業が除かれることが明記され（現行法四条六項）、新たな派遣と請負との区分基準は「労働者派遣事業と請負により行われる事業との区分に関する基準」（昭和六一年労働省告示第三七号）によって示された。
＊6　清正前掲論文、大沼邦博「事業場内下請け労働者の法的地位（下）」労働判例三六七号五頁、西谷敏「派遣法改正の基本的視点」労働法律旬報一六九四号八頁、参照。
＊7　昭和五五年九月五日労働判例三五二号六二頁以下。

＊8　毛塚勝利は、直接雇用の原則を民法六二五条に求めることを唱えている（毛塚勝利「偽装請負・違法派遣と受入企業の雇用責任」労働判例例九六六号九頁）。毛塚説によっても「雇用契約の一身専属性は、使用者は他者の労働力を利用する場合は、それを提供する労働者と直接に契約を締結する義務を負う、雇用主の直接使用の原則でもある。……これを前提としつつ、労基法六条および職安法四四条が法律で許容される場合を除き三者間労働関係を禁止するのは、三者間労務提供関係が、労働者の利益を損ねる蓋然性をもつからである。」として、職安法四四条が直接雇用の原則を実効的に支える規定であることが承認されている。

＊9　パナソニックＰＤＰ（パスコ）事件最高裁第二小法廷判決平成二一年一二月一八日労働判例九九三号五頁。

＊10　松下ＰＤＰ事件大阪高裁判決平成二〇年四月二五日労働判例九六〇号五頁。

＊11　同旨、塩見卓也「ＮＴＴ（多重請負）事件」労働法律旬報一七二一号二九頁。

＊12　同判決の評釈は前注＊11の塩見論文他、矢野昌浩・法学セミナー六七一号一三七頁がある。

＊13　労働経済判例速報二〇七二号三頁以下。

＊14　京都地裁の黙示の合意論は「使用従属関係という労働契約の本質的な要素（雇用契約には同契約に即した要素があるため、民法六二五条一項及び二項は、使用者は労働者の承諾を得なければ、その権利を第三者に譲り渡すことはできない旨や、労働者は、使用者の承諾を得なければ、自己に代わって第三者を労働に従事させることができない旨を規定している。）が原告と被告ＮＴＴとの間に存在することが主張立証されている必要があり、具体的には職務を遂行する上で必要不可欠な作業上の留意点を指示するといった関係があるだけではなく、労働者に対して事業所における作業開始時刻や作業終了時刻を指定して拘束したり、労働者側の事情により休暇を取得したい場合であっても、一定の要件の下で休暇申請に対して承諾をせずに勤務を命じることができるといった支配・従属関係が存在することを主張立証する必要がある。」というものであるが、（i）原告がA社との間に締結された契約につきA社から被告ＮＴＴに譲渡等を承認したということの立証を求めているのだとすれば、また（ii）ＮＴＴの一般的な被用者とまったく同じ待遇でない限りＮＴＴとの間に支配・服従関係の存在を認めないかのような主張であり、後述するように、およそ「黙示の合意」の意味を解していないと言わざるを得ない。

＊15　労働者の雇止めや解雇をする場合にも、使用者責任を曖昧にすることによって責任が及びにくい仕組みは重層偽装請負をユーザー事業者が利用するメリットなのであろう。

＊16　違法派遣を行った事業主については派遣法上も一年以下の懲役または一〇〇万円以下の罰金が処せられることになるが

（派遣法六一条三号）、重層偽装請負の場合、そもそも派遣法二条一号の派遣の定義に該当しないから派遣法の罰則適用はない。

＊17　偽装請負の場合、違法派遣を受けた事業主に対する派遣法上の規制は派遣事業主としての登録をしていない事業者からであれば、行政指導と勧告（派遣法四八条）、勧告に従わない場合の企業名の公表（四九条の二）があるのみであるが、重層偽装請負の事例では派遣法の適用はない。

＊18　黙示の合意を巡る学説の整理は、さしあたり大沼前掲論文（中）労働判例三六五号四頁以下を参照。

＊19　参照判例件は、新甲南鋼材工業事件神戸地判昭和四七年八月一日労働判例一六一号三〇頁、近畿放送事件京都地判昭和五一年五月一〇日労働判例二五二号一六頁、青森放送事件青森地判昭和五三年二月一四日労働判例二九二号二四頁、前掲サガテレビ事件、同控訴審判決福岡高判昭和五八年六月七日労働判例四一〇号二九頁、サンエイ事件佐賀地武雄支決平成九年三月二八日労働判例七一九号三八頁、安田病院事件大阪高判平成一〇年二月一八日労働判例七四四号六三頁、同上告審平成一〇年九月八日労働判例七四五号七頁、ナブテスコ（ナブコ西神工場）事件神戸地明石支判平成一七年七月二二日労働判例九〇一号二一頁、マイスタッフ（一橋出版）事件東京高判平成一八年六月二九日労働判例、伊予銀行・伊予銀スタッフサービス事件高松高判平成一八年八月一八日労働判例九二一号三三頁。

＊20　毛塚前掲論文も、偽装請負について「他社の労働力を利用する三者間法律関係における『黙示の労働契約』論とは、契約形式を離れて受入先の雇用責任を確定する作業であり、規範的契約解釈の問題であり、たんに就労の実態をさぐるだけで判断できるものではない。とすれば、違法な労働者供給契約を利用していることが、黙示の労働契約の成否判断に反映される道筋が示されなければならない。」（労働判例九六六号八頁）と黙示の合意の規範的な解釈の意義を述べたあと、「直接雇用の原則の例外である三者間労働契約により第三者労働力を利用する者には、その利用形式や方法が適法・適切であることに留意して利用することが求められる。その意味で……第三者労働力を受け入れる者は、常に適法・適正に利用しなければならないという義務、つまり、第三者労働力（他社労働者）の適正利用義務を、労働者に対して信義則上負っているというべきである。」

＊21　毛塚前掲論文では、同様に「当該受入契約が無効となるときに発生する『黙示の労働契約』の成否判断に際して、当該受入契約が有効なときに成立する法的事実をもってその成立を妨げる事実として主張・抗弁することが信義則上認められなくなるということである。例えば、違法に第三者労働力を利用する受入企業は、送出元（請負元、派遣元等）が賃金の支払い等の使用者としての行為を行っている事情を、受入先との黙示の労働契約成立を妨げる事実として主張・抗弁することは

認められないということである。それゆえ、裁判所はそれを除く事実から黙示の労働契約の成否判断をすべきことになる。」と主張されている（九頁）。大沼前掲論文（中）もサガテレビ事件佐賀地裁判決を評釈しながら、「親会社の場合、原則として、実質的な使用従属関係を中心とする一定の事情から客観的に推認される意思をもって足りると言うべきである。それは、あくまでも、規範的評価を媒介として客観的に把握されるべきものであり、その意味では『擬制』に他ならない。しかし、およそ意思解釈には『規範定立的＝価値判断的行為』たる性格を否定しえないことからすると、表示行為の有する社会的意味の確定に過ぎないとも見ることができよう。そして、もちろん、この規範的評価は、本判決も説くように、生存権の理念に基づいてなされなければならない。……このことを契約法理に即して再構成するならば、自己の現実の行為に背馳する意思の表明は、信義則からしても許されないということになろう（行為に矛盾する異議の禁止 protestatio facto ontraria）。あるいは、禁反言の法理を援用することも可能だと思われる。」（一四ページ）と主張するが、私見も両氏の考え方に与するものである。

＊22　ＮＴＴ（多重請負）事件京都地裁判決の黙示の合意の成立の判断につき原告に求めた立証責任が、まさにこれに当て嵌まる（前注＊14参照）。

あとがき

「ルネサス合理化策　錦工場売却か閉鎖」「川尻存続　大津は再編対象」の大見出しを躍らせ、七月四日付『熊本日日新聞』は一面トップで、ルネサスの全国一八工場中八工場の売却・閉鎖、五千数百人規模の希望退職、一万四千人のリストラ等を内容とする、合理化策を伝えた。

ルネサスエレクトロニクスは本書で伝えているとおり、NECと日立製作所、三菱電機の三社がそれぞれの半導体部門を合併してつくったマイコン世界シェア三割を誇る国際的半導体大手である。しかし、この五月のエルピーダメモリの米国企業買収に象徴されるように、日本の電機企業はいま、半導体で韓国・台湾に完全に敗北したといえる。日本のモノづくりの危機である。

報道を詳しくみると、不採算のシステムLSI事業を縮小する一方で、マイコン事業を強化するとある。北海道・東北と九州・山口の工場を中心に売却・閉鎖。いま、一番支援を必要としている東北も簡単に切り捨ててしまうところがあまりにも冷たい。車載用マイコンを製造している熊本三工場は安泰と思われていたが、川尻工場を残し錦と大津がリストラの対象となった。熊本県と関係自治体、五三社ある熊本県内の地元取引企業には、いま大きな不安と衝撃が走っている。

二年前、今回の熊本錦工場の解雇事件発覚直後に、旧NECセミコンとの団体交渉を重ねたが、その中で、交渉担当者の部長が「人のいのちに関わりのない家電等搭載の半導体は今後海外で作るが、人のいのちに直結する車搭載のマイコンは可能な限り国内で作りたいと考えている。しかし、いつまでもつか……」と言っていたのを思い出す。しかしその交渉直後に「日産マーチ一〇〇%海外生産」というニュースが新聞紙上に躍った。日本が、家電はもちろん自動車まで「純輸入国」になってしまった瞬間だった。国内企業が競争だけの視点で、アジアに安易な技術移転・流出をしてきた結果である。ルネサスの残りの国内工場も、いつまでもつか、という話である。

経済界は今、「道州制」の実現に躍起だ。国内ではモノは作らないとはっきり言う。そのためにも九州を一つの経済圏にして、人件費と電気代の安いアジアでモノを作り稼ぐと、いまだに言っている。今回のルネサスの合理化も、まさしくその線上での政策である。国際的な視点で、ものが見えていないことが非常に深刻で怖い。

そして、安い人件費とともに、安い電力の確保のために、原発の東南アジアへの輸出を強化するという。しかし、この計画は、東日本大震災、福島原発事故によって、国際的批判を受けることは必至だ。ところが、大飯原発の再稼働にも象徴されるように、この国はいま、人のいのちの上に経済効率を置く、異常な国となっている。どこまでもあくなき利潤を求めるという、こうした強者の論理、新自由主義そのものにメスを入れない限り、国内はおろか、アジアの労働者のいのちと生活までも奪いかねない。これが、いまのこの国の実態である。

私たちはこの本で、こうした大企業の論理が、雇用の分野にどのように作用してきたのかを、「重層偽装請負」という象徴的な形を解明することによって、具体的に示そうと考えた。同時に本来、労働者・国民を守るために存在するはずの「法律」が、政治と財界が結びつくことによって、労働者派遣法という例外を設けて、違法を合法化する「法律」を生み、その法律を段階的に政治の力によって規制緩和してきたことで、気がつけば、職安法第四四条で禁じている労働者供給事業を、まるごと許す法体系になっていることも明らかにしようとしている。

私は、このことを司法が正さなくしてだれが正すことができよう、と思っている。このNEC重層偽装請負裁判を通じて、「雇用は直接雇用が当たり前」という憲法上、しごく当たり前の問題提起を、私たちは裁判所に対してしてしたい。違法な偽装請負が裁かれるのは当然である。そして、派遣はあくまでも例外的な働かせ方であるということ。その上に立って、原告たちを本来雇用すべき企業が、きちんと直接雇用すべきであるという判断を求めたい。そして、問題となっている派遣法の位置づけを、憲法と戦後労働法の立場から司法としてどう位置付けるのか、そのこともはっきりと示すことを求めたい。新自由主義を信奉する政府に「派遣法改正」は、はっきり申し上げて無理である。憲法の守り手である司法の役割に期待する。わたしは、今回のNEC重層偽装請負訴訟を通じて、壊されてきた戦後労働法を取り戻すきっかけにしたいと思っている。

最後になるが、この問題提起をするきっかけを作ってくれた勇気ある三人の原告、柳瀬強さん、松永政憲さん、柴田勝之さんに、改めて敬意を表したい。私は三人を心から尊敬をする。同時に、熊本錦工場の地元、人吉・球磨の地域で支援組織を立ち上げ、三人の原告を支え続けている多田喜一郎代表をはじめとする「郡市民の会」のみなさんにも心から感謝を申し上げたい。

そして、本書で取り上げた二つのシンポジウムの中で、この問題を掘り下げていただいた全労連の寺間誠治さん、井上久さん、多重偽装請負という共通性のある問題をはらむ原発労働の実態を告発していただいた週刊東洋経済の風間直樹さん、政治家の立場から、憲法の視点で常にぶれずに追及をされてきた日本共産党の小沢和秋さん、仁比聡平さん、そして労働法・法律家の立場からいつも適切なご教示をいただいている遠藤隆久先生、板井優先生と、わが弁護団の先生方にも心から感謝申し上げる。

最後に、この本を世に送り出す上で、花伝社の柴田章さんの全面的な支援がなければ、とうてい出版にまでこぎつけなかったであろうことも申し添えておく。あわせて感謝したい。

この本が、この国の、そしてアジアの労働者のまともな雇用を実現するきっかけとなることを心から望む。

二〇一二年七月、NEC重層偽装請負訴訟の結審を前に

楳本　光男（熊本県労連議長）

執筆者（執筆順）

久保田紗和（弁護士・ＮＥＣ重層偽装請負訴訟弁護団事務局長）
柳瀬　　強（ＮＥＣ重層偽装請負訴訟原告団団長）
松永　政憲（ＮＥＣ重層偽装請負訴訟原告団副団長）
柴田　勝之（ＮＥＣ重層偽装請負訴訟原告団事務局長）
多田喜一郎（ＮＥＣ労働者を支援する郡市民の会代表）
板井　　優（弁護士・ＮＥＣ重層偽装請負訴訟弁護団）
仁比　聡平（日本共産党元参議院議員）
楳本　光男（熊本県労働組合総連合議長）
中島　潤史（弁護士・ＮＥＣ重層偽装請負訴訟弁護団）
門倉　千尋（ＮＥＣ労働者を支援する郡市民の会）
遠藤　隆久（熊本学園大学教授・労働法）
小沢　和秋（日本共産党元衆議院議員）
井上　　久（全労連事務局次長）
荒木　正信（熊本県労働組合総連合副議長）
風間　直樹（週刊東洋経済記者）
寺間　誠治（全労連幹事・政策総合局長）
小野寺信勝（弁護士・ＮＥＣ重層偽装請負訴訟弁護団）

NEC 重層偽装請負事件の経過

２００８年

12 月 26 日　NEC セミコンで働く柳瀬強氏、人吉急便を解雇される。
12 月末　年越し派遣村（日比谷公園）（〜 2009 年正月）。

２００９年

2 月 24 日　松永政憲氏、解雇。
2 月 26 日　柴田勝之氏、解雇。
3 月 14 日　「雇用シンポジウム」終了後、解雇労働者の一人がローカルユニオン熊本に相談、入会。
3 月 27 日　ローカルユニオン熊本、ＮＥＣセミコンに対し「労働者の雇用問題について」申し入れ。
3 月 30 日　解雇労働者、厚生労働大臣と熊本労働局に「偽装請負の是正を求める」申請書提出。ローカルユニオン熊本、ＮＥＣセミコンと人吉急便に団体交渉申し入れ。
4 月　6 日　人吉急便と団体交渉。
4 月 14 日　ローカルユニオン熊本、人吉急便、日通、ＮＥＣロジに団体交渉を申し入れ。
4 月 20 日　日通とＮＥＣロジから団体交渉拒否の回答。
4 月 28 日　日通・人吉急便・ＮＥＣロジを訪問、団体交渉申し入れ。
4 月 30 日　３人の名前で労働局要請。熊本県労連、ならびにローカルユニオン熊本、ＮＥＣ労働者を支援するつどい人吉シンポジウム。
5 月 22 日　新たな資料をもとに労働局要請。
5 月 29 日　人吉急便と団体交渉。パナソニックの工場閉鎖と地域経済シンポジウム。
7 月　5 日　ＮＥＣの偽装請負を斬る！シンポジウム。
8 月 21 日　熊本労働局から「偽装請負」認定の説明。記者会見。
9 月　1 日　是正指導に対するＮＥＣの「回答」について熊本労働局から説明。ＮＥＣセミコンと第１回団体交渉。
10 月 13 日　ＮＥＣセミコンによる「直接雇用」の指導を労働局に要請。
11 月　1 日　人吉シンポジウム。
11 月　4 日　ＮＥＣ川尻本社工場前要請・宣伝。ＮＥＣセミコンと第４回 団体交渉。
11 月　9 日　厚生労働省要請。
11 月 13 日　全労連九州ブロック偽装請負告発シンポジウム。
11 月 22 日　「直接雇用」について再度労働局要請。ＮＥＣセミコン偽装請負労働者の雇用を守る会結成集会。

２０１０年

2月　9日	ＮＥＣセミコンと第６回団体交渉。
3月　6日	ＮＥＣ川尻本社工場包囲総行動。
3月30日	人吉労働基準監督署へ労基法６条違反の申告。
4月	NECセミコン（NECセミコンダクターズ九州・山口）、社名をルネサスセミコンダクタ九州・山口に変更。
4月　6日	熊本地方裁判所へ提訴。
4月23日	県庁と労働局へＮＥＣロジ、日通航空の偽装請負告発の要請。
5月31日	派遣切りとたたかう労働者を支援する郡市民の会決起集会。
6月　9日	第１回口頭弁論。
6月24日	人吉労働基準監督署聞き取り。
10月30日	「労働者はモノではない！」雇用のあり方を問うシンポジウム。
12月10日	ＮＥＣ重層偽装請負闘争支援八代集会。

２０１１年

2月14日	ＮＥＣ闘争支援水俣集会。
2月24日	ルネサス福岡柳川工場前宣伝行動。
2月25日	提訴１周年人吉報告集会。
7月　9日	ＮＥＣ重層偽装請負訴訟提訴１周年シンポジウム。
11月11日	第８回口頭弁論。
11月25日	全労連2011年秋の争議支援中央総行動ルネサス本社要請。

２０１２年

1月28日	ＮＥＣ重層偽装請負訴訟勝利決起集会。
2月10日	証人尋問（ＮＥＣセミコン、ＮＥＣロジ）。
3月16日	証人尋問（日通）。
4月20日	証人尋問（原告）。
7月27日	結審。

編者　『偽装請負・非正規労働』編集委員会
連絡先　〒862-0954 熊本市中央区神水1丁目30-7 コモン神水内
電話　096-384-2942　FAX　096-384-2957

編集委員会メンバー

ＮＥＣ重層偽装請負訴訟原告団
柳瀬　強（原告団団長）
松永　政憲（原告団副団長）
柴田　勝之（原告団事務局長）

ＮＥＣ重層偽装請負訴訟弁護団
久保田紗和（弁護団事務局長）
板井　俊介
板井　優
中島　潤史
小野寺信勝

熊本県労連・ローカルユニオン熊本
楳本　光男（県労連議長）
重松　淳平（県労連事務局長）
上山　義光（ローカルユニオン委員長）
荒木　正信（ローカルユニオン書記長）

ＮＥＣ労働者を支援する郡市民の会

偽装請負・非正規労働
――熊本・NEC重層偽装請負裁判は問いかける

2012年7月25日　初版第1刷発行

編者 ――『偽装請負・非正規労働』編集委員会
発行者 ―平田　勝
発行 ――花伝社
発売 ――共栄書房
〒101-0065　東京都千代田区西神田2-5-11出版輸送ビル2F
電話　03-3263-3813
FAX　03-3239-8272
E-mail　kadensha@muf.biglobe.ne.jp
URL　http://kadensha.net
振替　00140-6-59661
装幀 ――水橋真奈美（ヒロ工房）
印刷・製本―シナノ印刷株式会社

ISBN978-4-7634-0638-5 C0036